JN271362

東アジアの社会保障
日本・韓国・台湾の現状と課題

埋橋孝文・木村清美・戸谷裕之 編
Takafumi Uzuhashi, Kiyomi Kimura, Hiroyuki Totani

ナカニシヤ出版

　　　　　　　は　じ　め　に

　近年の経済成長を背景に，東アジアでは社会保障を整備する機運が高まっている。もちろん，社会保障のこれまでの歴史，整備状況や各国の経済水準などによりその内容は一様ではない。便宜的には，いわゆる1万ドル経済に到達しているNIES諸国と，その他の東南アジア諸国および中国の3つに分けることができるが，アジアNIES諸国でも，台湾や韓国は社会保険方式による保障を採用し，シンガポールや香港ではプロビデント・ファンド（強制貯蓄制度）による保障を目指すといった違いがある（ホリデイ／ワイルディング 2007: 6章）。

　本書は，日本と同様に社会保険方式を採用する韓国・台湾に着目し，グローバリゼーションと高齢化という今日的状況のなかで，各国・地域の社会保障制度が直面する課題とその解決方向を明らかにする（中国を含む東アジア社会政策の現状と課題については社会政策学会編〔2006〕を参照のこと）。

　日本，韓国，台湾は，欧米と比べて，「開発主義」的側面が強く（本書第1章参照），また，これを別の側面から見れば「遅れてきた福祉国家」である（本書第2章参照）。こうしたことが社会保障のあり方とその変化のベクトルに大きな特徴を刻印する。それ以外にも，イデオロギーとしての儒教主義，家族扶養の強さや「生産主義」など多くの共通点が指摘されてきたことは周知のことである（金 2008: 2章）。

　しかしここでは，3か国・地域が「今現在直面し，解決を迫られている課題」が共通していることにとくに注意を喚起したい。

　例えば，

（1）　M字型（格差）社会の到来（所得や資産の不平等化の進展）と社会保険に包摂されない人々のクローズアップ（本書第3章，6章，8章）
（2）　少子高齢化の急速な進展と，それによる一方での介護サービス保障

i

制度の整備への動き，他方における社会保障財政基盤のゆらぎ（本書第4章，5章，7章，9章，10章）
（3） 女性の労働市場参加の増加および家族ケアに関するキャパシティの減退（本書第5章，8章）
（4） 少子高齢化の進展による現役勤労者比率の低下と社会保障制度の「財政的持続可能性」（financial sustainability）問題の発生（本書第4章，7章，9章）

などである。

これまで東アジア福祉レジームの特徴として挙げられてきた要因とこれらの「今現在直面し，解決を迫られている課題」との関係はどのように捉えられるべきかの解明が必要である。言い換えれば，その2つを首尾一貫した論理で説明する理論が必要となっている。

と同時に，私たちは，欧米と比べて同一グループとして一括されることが多い日本，韓国，台湾の間にも，上で挙げた課題に対する対応（政策的スタンスや実際採られる路線）の違いが存在することにも注目していく必要がある。

たとえば，日本では「失われた10年」を通して，また，21世紀に入ってからの小泉政権の下で労働の規制緩和，社会保障予算の削減が進められたが（本書第5章参照），韓国ではほぼそれと重なる時期，深刻なアジア金融危機に見舞われつつも，金大中政権は，20年近くの懸案だった医療保険制度の統合を達成し，公的扶助のパラダイムを変えるような国民基礎生活保障法を制定し，公的年金の適用対象を全国民に広げた（武川・キム 2005: 5）。

2003年からの盧武鉉政権下では2008年から本格支給される年金給付水準の切り下げが決定されるなど，その勢いはやや鈍ったものの，老人長期療養保険制度の実施などにみられる社会政策の整備が進められた。「社会的投資戦略」が同政権で公式に採用されたことなどは，実際にはどういうアウトカムをもたらしたかについては別途検討が必要であるが，また同戦略は両義的性格をもっているが（社会的分野における投資的側面の拡充＝労働供給と人的資本投資の拡大という側面と，社会的分野への投資の拡大＝社会支出の増

大という側面），日本との違いを強く印象付けるものであった。

　現在グローバリゼーションに否応なく巻き込まれている東アジア諸国では福祉国家の「形成と再編」が同時進行するといわれているが，1987年民主化宣言以降の20年間をとってみれば，韓国では「形成」の面が，日本では「再編」の側面がより支配的であったといえる。ただし，2008年李明博政権の成立以降の展開は不透明である。

　台湾の場合はより複雑であり，混沌とした中央・地方の政治状況下で社会保障や福祉の問題が政治イシュー化している。いわば「福祉政治」が先鋭化し，時として社会保障・福祉が政党の面子によって翻弄され，一種の「政争の具」となっていることもみられる。

　それでも，台湾社会福祉界で言われる「黄金の10年」(1990年代)に，社会保障予算が伸び，韓国と同様に健康保険制度の統合を成し遂げた (1995年「全民健康保険」制度)。同制度に対する国民の支持率は99％に達し国際的評価も高い (本書第8章148頁参照)。2008年には15年の紆余曲折を経て「国民年金制度」が実施された。ただし，その内容は全国民を対象としたものではなく，職域の社会保険を利用できない高齢者のみであり，日本の旧国民年金制度に類似している。国民党政権下で活発に議論され提案されたものと比較するとやや後退しているとの印象を拭い去れない。その他，2003年には「就業保険法」が施行されたが，中心的な役割を果たしている「労工保険」の年金化はまだ実施されていない。

　上のように，3か国・地域を仔細に見ると，この間の政策展開がかなり異なっていることがわかる。それらの差異はそれぞれの政治的状況の違いや社会保障制度の発展段階の違いによるところが大きいと考えられる。

　ちなみに，高齢者を対象とする介護サービス保障制度では，日本がドイツに続いて世界で2番目に独立した保険制度によるサービス提供を実施し (2000年)，韓国がそれに続いた (2008年施行)。台湾では現在その導入を検討中である (当初は税方式を予定，本書第8章152頁参照)。

　韓国は老人長期療養保険制度の立案に当たって日本の事例を参考にしたが，台湾の場合，東アジアで先行した2つの事例を参考にできる点に大きな特徴がある。いわゆる政策移転（policy transfer）の一例であるが，それは単な

る模倣でありえない．というのも，参考にする場合，いわばその欠点がどこにあるかをも知りえるというラグが存在し，それを視野に入れた政策立案が可能であるからである．その一方で，異なる土壌への政策移植に伴う変更や齟齬が生じる場合もある（この点については本書第10章参照）．

　本書は，2007年11月，2008年7月の2回にわたるワークショップとシンポジウム（於・大阪）の成果を踏まえ新たに書き下ろした原稿からなっている（本書「あとがき」参照）．その特徴は，日本の4名に加え，韓国と台湾の執筆者それぞれ3名に寄稿してもらい，また，その重要性に鑑み，それぞれの国・地域の社会保障財政に関する章を配置したことである．もとより複雑に絡み合い相互に影響を与える要因のすべてを網羅できたわけではない．労働政策との関連や家族政策，ジェンダーの分析を欠いていることは今後の課題として残された．

　本書を通して3か国・地域の共通性と差異，それらをもたらしている要因，さらには今後の見通しについて理解が深められれば本書の目的は達成される．読者諸氏の忌憚のない意見，批判を期待したい．

埋橋孝文

■参考文献

金成垣 2008『後発福祉国家論──比較のなかの韓国と東アジア』東京大学出版会．

社会政策学会編 2006『東アジアにおける社会政策学の展開』法律文化社．

武川正吾／キム・ヨンミョン 2005『韓国の福祉国家・日本の福祉国家』東大出版会．

ホリデイ, I.／P. ワイルディング編 2007 埋橋孝文ほか訳『東アジアの福祉資本主義──教育，保健医療，住宅，社会保障の動き』法律文化社．

目　　　次

はじめに　*i*

第1章　東アジア福祉レジームを超えて　3
　　　──これまでの研究と成果，そして今後の展望──
　　■古　　允文

1　イントロダクション　3
2　東アジアにおける福祉研究　4
　　──2次元モデル──
3　われわれはすでに最終的な結論に達しているのか　8
4　比較における東アジア福祉レジーム　10
　　──実証分析──
5　考えられる説明要因　19
6　残された論点　22
7　結　論　24

第2章　遅れてきた福祉国家　29
　　　──韓国からの新しい視座──
　　■金　　成垣

1　はじめに　29
2　比較のなかの東アジア　30

3　「遅れてきた福祉国家」としての韓国 ……………… 35
　　4　東アジア福祉国家研究の課題 …………………………… 53

第3章　日本の社会保障制度の現状と課題 ………… 59
　　　　■齋藤立滋
　　1　はじめに ……………………………………………………… 59
　　2　日本の社会保障の現状 …………………………………… 60
　　3　個別の現状 ………………………………………………… 62
　　4　改革（再編成）案と課題 ………………………………… 66
　　5　おわりに …………………………………………………… 68

第4章　日本における社会保障制度の財政
　　　　的側面 ……………………………………………… 70
　　　　■戸谷裕之
　　1　はじめに ……………………………………………………… 70
　　2　日本財政の現状 …………………………………………… 70
　　3　社会保障関係費の増大 …………………………………… 75
　　4　日本財政の課題 …………………………………………… 81

第5章　日本の社会保障と労働市場 …………………… 85
　　　　■加藤道也
　　1　はじめに ……………………………………………………… 85
　　2　日本の労働市場の現状と問題点 ………………………… 87
　　3　日本の社会保障 …………………………………………… 94

4　おわりに ……………………………………………………… 97

第6章　韓国における社会保険の危機と改革 …… 99
　　　　　――社会保険の死角と「分断された」福祉国家？――
　　■金　淵明

1　はじめに ……………………………………………………… 99
2　「新社会リスク」と社会保険の限界 ……………………… 101
3　韓国における労働市場構造の変化 ……………………… 104
　　――「両極化」と低所得層の増加――
4　韓国における社会保険の特徴と死角 …………………… 107
5　国民年金と健康保険における死角 ……………………… 111
6　死角への対処戦略 ………………………………………… 114
7　結　論 ……………………………………………………… 117
　　――「分断された」福祉国家？――

第7章　韓国における社会保障支出の展望
　　　　　および示唆 ……………………………………… 120
　　　　　――社会保険を中心に――
　　■尹　錫明

1　はじめに ……………………………………………………… 120
2　韓国における社会保険制度の概要 ……………………… 121
3　推計の方法，仮定および推計の結果 …………………… 127
4　結　論 ……………………………………………………… 135

第8章　台湾社会政策の発展 ……………………………… 138
　　　　──示唆と展望──
　　　　■陳　小紅

1　はじめに …………………………………………………… 138
2　台湾社会安全体系の4つの分野………………………… 140
3　「国民年金制度」の新規定に対する懸念 ……………… 142
4　「全国民健康保険」制度 ………………………………… 148
5　長期介護サービス制度…………………………………… 149
6　経済のグローバル化による構造的な失業問題と
　　政策対応 ………………………………………………… 152
7　知識経済時代における人的資源計画 …………………… 155
8　社会福祉の政治経済学…………………………………… 157
9　おわりに ………………………………………………… 159

第9章　台湾における社会保障財政の持続
　　　　可能性 …………………………………………… 164
　　　　■呉　文傑

1　はじめに …………………………………………………… 164
2　台湾の社会保障制度における最近の改革と
　　現在の構造 ……………………………………………… 166
3　部門別に見た社会保障制度 ……………………………… 168
4　現在の台湾社会保障システムの財政状況……………… 171
5　将来の発展方向と財政上の持続可能性 ………………… 175

6　結　論 ……………………………………………… 178

第 10 章　日本における高齢化対策を振り
　　　　　返って ……………………………………… 179
　　　　　――東アジア社会保障へのインプリケーション――
　　　■**埋橋孝文**

  1　はじめに ……………………………………………… 179
  2　日本の経験の一般性と特殊性 ……………………… 180
  3　高齢化の進展と年金制度 …………………………… 187
  4　介護保険法の制定をめぐって ……………………… 190
  5　介護労働者の不足問題をめぐって ………………… 192
  6　おわりに ……………………………………………… 196

*

おわりに　199

人名索引　201

事項索引　202

東アジアの社会保障
―― 日本・韓国・台湾の現状と課題 ――

第1章　東アジア福祉レジームを超えて
——これまでの研究と成果,そして今後の展望——

古　允文

1　イントロダクション

　1990年代以降,東アジア地域の社会政策研究は急速に発展している。今後徐々にではあるが,東アジア福祉の研究は社会政策の国際比較研究における重要な一分野と見なされるようになるだろう。とはいうものの,これまでの東アジア福祉の研究は調査目的や方法が非常に多様である。そこで本章では,過去の主な研究成果を概観し,そのうえでこれから何をしていくべきかを示すことを目的としている。そして検討の結果として,われわれは東アジア福祉をめぐる3つのグループの研究を明らかにした。最初のグループは,個別の事例に基づいて1つの国の社会政策課題や議論に言及し,国家の文脈で福祉を理解するものである。2つ目のグループは,イェスタ・エスピン＝アンデルセンの福祉レジームの概念を用いて東アジア福祉を理解しようとするものであり,それが概念の解釈によるものか,あるいは実証的な分析によるものかにかかわらず,東アジアの社会福祉が社会民主主義,保守主義,自由主義とは異なる特別なレジームかどうかを検討する研究グループである。しかしこの両者とも,東アジアにおける発展の経験に基づいた現実的な比較をするには限界がある。そこで登場が期待されるグループが3つ目のグループとなっている。

2 東アジアにおける福祉研究
―― 2次元モデル ――

　東アジア福祉は長い間,古典的な社会政策比較研究における研究対象とされていたが,それ自体に焦点が当てられるものではなかった。当初それは,実際の社会福祉理論を検証するための事例の1つとして取り扱われた(たとえば,Wilensky 1975)。そのおよそ10年後にディクソンとキム(Dixon and Kim 1985)が編集した先駆的な書物では,アジア型福祉システムの制度的な特徴,その起源の政治的,社会経済的な状況に大きな注意が払われ,そしてそれが中東,アフリカ,先進市場経済国を対象とした連続した研究へと拡大していった。この研究は,経済的な発展と文化的な起源のレベルが様々である国々の社会福祉の相違を横断的に認識するのに役立った。

　特にヨーロッパの福祉の研究に比べて,東アジアの福祉の研究は1990年代までは非常に少数であったが,それは西欧における福祉国家の発展と東洋における福祉の後進性の両方の要因によるものであった。しかし,1990年代の初めになって東アジア福祉に関連した研究は著しい増加を見せる。この発展は,西欧の研究者(たとえばMidgley 1986, Jones 1990; 1993)による東アジアの社会政策を概観する論文に始まり,やがてそれに刺激されたかたちで日本の高橋睦子(Takahashi 1997),台湾のクー(Ku 1997),香港のタン(Tang 1998),韓国のクォン(Kwon 1999)のような東アジアの研究者が社会福祉の事例研究の書物を発表し,その後は東アジアの社会政策や福祉に関するタイトルの書物が次々に出版されることとなった。

　表1は,これらの研究を次の2つの基準によって分類したものである。基準の1つは,研究された事例に関するものであり,これには特定の国に関する単独の事例研究,地域としての東アジアのみを議論の対象地域とする研究,さらに東アジア諸国と世界の他地域との比較研究がある。2つ目の基準は研究された課題に関連している。これは政策の比較なのか,あるいは福祉システムやレジームの比較なのかである。

　まず,政策面の研究については,東アジア福祉モデルに関する重要な文献

表1 東アジア福祉研究における2次元モデル

事例 課題	単一事例	地域としての東アジア	地域を越えた比較
政策	Goodman, White and Kwon (1998) など	Tang (2000) など	Catherine Jones (2001) など
システム	Aspalter (2002) など	Holliday and Wilding (2003), Ramesh (2004) など	Esping-Andersen (1996), Alcock and Craig (2001) など
レジーム	Ku (1997), Kwon (1999) など	Jones (1990), Holliday (2000), Aspalter (2001) など	Gough and Wood (2004) など

(Goodman et al. 1998) の，特にクォンが社会政策の発展の背景にある政治的ダイナミクスを明らかにした章によって開拓された。ここで興味深いのは，東アジアの福祉国家は共通の特徴をもつにもかかわらず，それぞれ独自の福祉を発展させてきており，クォン (Kwon 1998: 67) が警告しているように東アジアに1つの均一な福祉モデルを採用することには注意が必要な点である。それに続く事例研究の章では，特定の国々での異なる政策論議——シンガポールの公営住宅，韓国の公的年金プログラム，台湾などの公的健康保険など——について詳細に議論している。しかし，このやり方には国を越えて一貫した比較ができないという欠点がある。それとは対照的にタンは，なぜ社会福祉は東アジア，特に4つの小さなタイガー経済地域[1]で発展してこなかったのかに注目し，これを一方では香港やシンガポールのような資本投資国家の，もう一方で台湾や韓国での権威主義的開発国家のそれぞれの事例を用いて，政策スタイルで説明している (Tang 2000)。政策面の研究のもう1つの例はジョーンズ (Jones 2001) の研究で，東アジアのみの文脈を越えて，典型的な西欧福祉国家であるイギリスと，新たに福祉プログラムが広がった台湾との間で，異なる政策課題や経験を比較している。それぞれの政策課題における上記の2つの論文のアレンジメントは，西欧と東洋の福祉研究者の理解

---

1) シンガポール・台湾・韓国・香港の4つの経済地域を総称して指すことば。I. ホリディ／P. ワイルディング編，埋橋孝文ほか訳『東アジアの福祉資本主義：教育，保健医療，住宅，社会保障の動き』より。

の変化を示しており，われわれがどのように社会政策を考えるか，そして今後どうなっていくのかを推察する手掛かりとなる。

　政策とシステムとの間には多くの混同状態があり，明確な線引きをするのは難しいと思われる。しかしながら，東アジア福祉システムに関連してとりわけ政策とシステムがどのように機能し，そして今どのようになってきているかという疑問に関するいくつかの研究を目にすることもある。たとえばアスプラターが編集した書籍には，日本，韓国，香港，台湾，シンガポールにおける福祉システムに関する記述があるが (Asplater 2002)，比較の枠組みがないために事例報告のようになっている。詳しい福祉システムの比較が実質的になされているのは，ホリデイとラーミッシュが編集した東アジアの福祉資本主義に関する書物になる (Holliday and Wilding 2003)。ここでは4地域の，教育，保健，住宅政策，社会保障の主要なシステムが，その歴史，規制，供給，資金，成果を用いて分析，評価されている。これと同様にラーミッシュの単著は，4つのタイガー経済地域の同じ福祉システムを政策の歴史，供給，財政，成果という共通した枠組みで比較している (Ramesh 2004)。両者とも東アジアの福祉システムの類似点と相違点，および香港とシンガポール，台湾と韓国というサブグループの存在を明らかにしている。このサブグループについてホリデイとワイルディングは，ラーミッシュ (Ramesh 2004: 194) が結論付けているようにそれぞれを自由主義と保守主義のレジームとしてはっきりと指摘はしていない。しかしいずれにしても，東アジアの福祉レジームは論議を呼ぶ問題であると言わなければならない。

　現実的な比較研究が存在しないにもかかわらず，東アジア福祉について世界の他の地域と並べて記述する多くの論文がみられる。たとえば，エスピン＝アンデルセンがヨーロッパを中心とする視点を克服しようと試みて編集した著作 (Esping-Andersen 1996) の中には，西欧の先進的福祉国家だけでなく新しく福祉国家として登場したラテンアメリカ，東ヨーロッパ，そして特に日本についての論文も含まれている。彼は「レジームの一類型として日本を認めるべきかどうかという質問に答えることは事実上不可能」(Esping-Andersen 1997: 187) だと述べている。この記述は，エスピン＝アンデルセンが日本という福祉国家をうまく表現する別の福祉レジームを見つける

ように，われわれに提案しているようにもとれる。事実，彼の著名な著作（Esping-Andersen 1990）の中国語の序文で，東アジアの福祉国家は2つの方向で解釈できると彼は述べている。すなわち，自由主義と保守主義のハイブリッド・モデルと見なすか，4つ目の福祉レジームの出現としてみるか（Esping-Andersen 1999b）である。また，アルコックとクレイグ（Alkock and Craig 2001）の編集による著作の中には香港に関する論文（Wilding and Mok 2001）が収められている。奇妙に思えるだろうが，この著作では西欧の福祉国家に関する研究はほとんど重視されていない。

　レジームに関する研究は，エスピン゠アンデルセンの多大なる影響の下に，彼の3つの福祉レジームを4つかそれ以上に広げる取り組みが行なわれている。たとえばクー（Ku 1997）は福祉を台湾の資本家の開発の文脈におき，どのように資本主義の世界システム，国家，イデオロギー，社会的な勢力が絡み合って，台湾で特定のレジームを形成したのかを検討している。また，クォン（Kwon 1999）は，韓国福祉国家の制度的な特徴を正統性をめぐる政治として解釈している。このようないくつかの詳細な事例検討は，しかしまだ発展途上の段階であり，上述の両者ともエスピン゠アンデルセンの類型とは性格の異なるレジームを示してきたが，台湾と韓国の事例を異なるレジームとして結論付けるまでには至っていない。対照的に，他の著者の中には，東アジアを地域として見たうえで，より積極的に「家産制福祉国家[2]」：Oikonomic welfare state」（Jones 1990），「生産主義福祉資本主義：Productivist welfare capitalism」（Holliday 2000）「保守主義：Conservative」（Aspalter 2001）のように名付ける者もいる。実際，ホリデイ（Holliday 2000）はその概念を進展させることで4つ目のレジームをイメージしており，実証的なデータの分析によって彼が構築したレジームを吟味する必要はあるが，東アジア福祉の中核的な要素を明らかにする新しい概念を提供している。彼の「生産主義」という表現，すなわち成長優先の国家とすべての国家政策を経済／産業的な目標に従属させるという2つの中心的な要素には，賛同す

---

[2]　訳語は末廣昭「東アジア福祉システムの展望　論点の整理」（『アジア研究』52(2)，2006年4月）を参照。

る意見もある。たとえばゴフは，自身の東アジア福祉の議論の中で，この表現を他の地域にはないレジームの特徴を示すものとして用いている（Gough 2004）。

3　われわれはすでに最終的な結論に達しているのか

東アジア福祉への関心と研究の著しい増加にもかかわらず，その成果は結論に至るというよりもかなり多様になっている。上述の研究から導き得る多くの重要な表現や概念は，次のようにまとめられよう。

（A）政策志向：東アジア福祉国家はその政策の方向性において，家族中心，嫌々ながらの福祉国家，伝統的慈善，家産制福祉国家，さらに権威主義的などと表現されることが多く，国家が福祉の供給において果たす役割が周辺的であることが示唆されている。

（B）システムの特徴：政策の方向性にかかわらず，特に教育優先，職業を基盤とした保険制度，資産調査にもとづく給付などに準拠した，いくつかの重要で構造化された福祉システムが東アジアで発展している。そこでは，なんらかの形で社会階層と伝統的な慈善の結合がみられる。

（C）レジームの解釈：東アジア福祉を保守主義とみなす研究者もあるが，多くの研究者はエスピン゠アンデルセンの3つの福祉レジームのどの類型にも，これを当てはめるのが難しいということを支持しており，東アジア福祉を生産主義，開発主義（developmentalist），儒教主義あるいはハイブリッド・レジームとして新たに名付けている。

結論が拡散しているのは，東アジア諸国を横断する，一貫性のある長期的で比較可能なデータがないことに起因している。われわれが上述の福祉研究のアプローチを検証すれば，それは他の国々との現実的な比較もなく，より理論的な枠組みの中で行なわれる特定の国の報告のようなアプローチに見えるか，あるいは，他の可能な福祉レジームのモデル探索においてエスピン゠

アンデルセンの論文に従い，東アジア福祉の発展の現実的な文脈を何らかのかたちで無視しているアプローチかのどちらかになる。前者のアプローチでは，それらの研究が議論としては東アジアを地域として含めていたとしても，一部の例外 (Holliday and Wilding 2003; Ramesh 2004; Jones 2001) を除いて，基本的には国ごとの事例検討だといえるであろう。しかしながら，われわれはここで，国家間比較において不可欠かつ詳細な基盤となり得る事例研究について，その不十分さを議論しているわけではない。むしろ，われわれがこうした研究を意義のある一貫したものとしようとするならば，一層の努力が必要とされるということである。エスピン゠アンデルセンの研究における方法論的な課題を本当に理解するとき，このような議論はますます重要になってくる。

周知のように，エスピン゠アンデルセンによるレジームの視点は，個々の制度よりも福祉の世界の「大まかな見取り図」を理解しようという重要な意図を含んでいる。そして，その見取り図を作成するために，脱商品化，階層，階級間の連帯，歴史的な制度の遺産という4つの要素が西欧福祉国家の分析に取り入れられ，その結果として自由主義，保守主義，社会民主主義と名付けられた福祉レジームの3グループが見出されたのである。

ところで，なぜエスピン゠アンデルセンの結論は，一部の批判にもかかわらず非常に重要であり，15年以上ものあいだ，社会政策の比較研究を支配しているのだろうか。その理由は彼の分析における実証的根拠にある。西欧福祉国家を網羅するデータの収集と準備のための長期的な努力によって，エスピン゠アンデルセンは自身の概念的なモデルを，福祉レジームの中核的な特徴を表わしている多くの計測可能な指標をもって，またそれらの指標がどのように制度的な倫理や秩序に統合されていくかを含めて，より根本的に検証することを可能にしている。福祉政策やシステムが以前の論理や秩序から全体として移行し，変化していることを示し得ない限り，現在の福祉レジームが他のものに変化してきていることを主張するのは難しい。われわれがこのことを理解するとき，前述の2つめのアプローチをとる研究グループの成果を評価するとともに，その限界を知ることができる。

2つ目のグループはエスピン゠アンデルセンの論文に準じて，東アジア型の福祉レジームを福祉レジームの3つの類型と比較して認識しようとするグ

ループである。しかし，こうした研究は実証的なデータ分析よりも概念の構築を基盤とするため，エスピン＝アンデルセンの研究を超えることはほとんどない。その典型的な例がホリデイ（Holliday 2000）が構築した生産主義レジームであるが，彼はエスピン＝アンデルセンの中核的な要素に対して「社会政策と経済政策の関係」という新しい側面に言及し，日本，韓国，香港，台湾に共通の特徴があることを示した。さらに，彼は生産主義レジームの下位クラスターとして台湾の「促進主義 facilitative」，日本に特徴的で台湾や韓国では限定的な「開発普遍主義 development-universalist」，シンガポールの「開発特化主義 developmental-particularist」の3つがあると結論付けた。こうした国々は，「社会政策の経済政策に対する従属」という側面では明らかに類似しているが，社会権，階層効果，国‐市場‐家族関係のような他の側面では互いに異なっている（Holliday 2000: 710）というのである。たしかに現実の世界では，すべての側面においてまったく同じという国はなく，それぞれ1つの国が実際はただ1つのモデルである。しかし理論的には，2つ以上の国を同じモデルで分類したいならば，ある程度の類似を示さなければならない。難しいのは，その国が同じモデルであると言うためにはどの種類の，どの程度の基準が必要なのかという点である。モデルがあればあるほど，焦点が混沌としてしまう。われわれは概念的には生産主義レジームの可能性に同意するかもしれないが，その存在を現実において実証的に検証する必要がある。それができなければ，エスピン＝アンデルセンの，たとえば日本はハイブリッドにすぎない（Esping-Andersen 1997）というコメントを却下することさえ難しい。東アジア福祉レジームの特徴に関するすべての研究には，エスピン＝アンデルセンの研究成果と競合するためにはそのような決定的に重大な限界が，共通して存在している。

4　比較における東アジア福祉レジーム
　　　——実証分析——

指　標

　エスピン＝アンデルセンの福祉資本主義の3つの世界とは異なる，東アジ

表2 開発主義的福祉国家を定義するための15の指標

指標	定義	データの主な情報源
政府の社会保障支出	「社会保障と福祉」支出の公的な支出総額に占める割合	IMF
社会的投資	「経済関連とサービス」と「教育」から「社会保障と福祉」を差し引いたものの公的な支出総額に占める割合	IMF
社会的消費	「疾病と出産」「失業」「労災」から「年金」を差し引いたものの「社会保障と福祉」支出全体に占める割合	ILO
労働組合運動	労働組合に参加している雇用者の割合	OECD
経済の近代化	全労働者に占める非農業従事者の割合	OECD
年金の非適用率	年金を受給していない高齢者の割合	WB, ILO
性差別	性別による賃金の差	OECD
福祉の社会成層	年金と健康保険制度の数	SSA
定年後の自立度	公的年金からではない高齢者の収入の割合	OECD, ILO
雇用者の拠出	社会保障における雇用者の拠出の割合	ILO
家族のサポート	子供と同居している高齢者の率	ECHP
雇用主の拠出	社会保障における雇用主の拠出の割合	ILO
私的年金の割合	私的年金の全年金に占める割合	OECD
貿易依存度	GDPに占める貿易比率	OECD
資源依存度	GDPに占める非農業製品の割合	OECD

ア福祉モデルは存在するのか。「開発主義」を中核的な構成要素とする東アジア福祉レジームがあると仮定して,その特徴を測定し,表現するのにふさわしいのはどのような種類の指標だろうか。このような疑問のもとに,前述の議論と東アジア福祉の主要な特徴のレビューに基づいて,15の指標を実証的な分析に合うように改訂し,修正したものが次の**表2**である。

以下に,**表2**中の15の指標を福祉研究におけるその性質に準じてさらに説明する。

①福祉に対する需要:経済発展のレベルと階級権力は需要の側面における2つの古典的で重要な指標である。本研究では,労働組合運動を,とりわけ社会民主主義によって提唱されるような制度化された福祉の供給を求める階級権力のバランスを示すものとして用いている。一方,経済の近代化は現代

経済の発展によって引き起こされた福祉の需要に着目するものであるが，これはすべての労働力における非農業従事者の割合によって示される。

②公的な資源の投入：政府の社会保障支出は社会政策の比較研究において，福祉に対する公的な努力の程度を示すものとして長い間重要な指標であった (Ku 1997; Wikensky and Lebeaux 1965)。さらに，社会的支出の様々なタイプの機能，つまり社会的投資と社会的消費と名付けられたものがオコンナーによって示されている (O'Connor 1973)。前者はインフラへの投資や教育への支出といった，生産や人材に必要な状況を促進する公的な支出を説明するために使われる。後者は社会扶助のような，国家の正当性を維持するための公的な支出を表し，社会的投資が高くなるほど経済発展の優先度が高くなる。反対に，社会的消費は国家が福祉に対する資源の配分を通して社会の安定に多くの関心を払うことを意味している。さらに自由主義福祉国家の中心的な性質を考えた場合，民間の福祉を無視することはできず，私的年金のスケールが用いられる。

③公的な資源のアウトプット：普遍主義は福祉国家を測る重要な基準であり，エスピン゠アンデルセンは年金の適用範囲のレベルを指標として採用した。しかし東アジア諸国では，普遍主義の年金システムは未だ発展途上であり，公的年金制度が適用されない人々に着目する方が適当であろう。そのため年金の非適用率を本研究では指標として用いている。福祉の社会階層への影響は，福祉国家を保守主義のレジームと社会民主主義のレジームとに区別する重要な一線である。さらに，年金受給者が市場から独立して生活できる脱商品化のレベルを調べるためには年金の所得代替率が用いられるが，東アジア諸国では，年金はかなりの程度一時金の形で支払われ，形式も多様である。そのため，高齢者が収入において自助努力によらなければならない程度を表わす定年後の自立度に着目する方がよいだろう。また東アジアの儒教主義の価値観の下では，区別は階級だけでなく，性差の間にもある。この理由から，本研究では年金と健康保険制度の数，性別による賃金の差も指標に含めている。

④福祉の負担：福祉にかかるコストを負担する主要グループを明らかにしようとする研究者にとっても，誰が福祉に対してお金を出すのかは関心事の

1つであった。ILOの報告書によれば，雇用者の拠出貢献度と雇用主の拠出貢献度は，福祉の負担の配分を示すのによく用いられる2つの指標である。加えて，高齢者の子どもとの同居率は福祉の供給における家族のサポート能力を測るものである。

⑤発展をめぐる政治経済的文脈：貿易依存度と資源依存度は東アジアの輸出志向の発展アプローチの指標に含まれている。

方　法

初めに，古典的なヨーロッパの福祉国家と東アジアの事例（日本，韓国と台湾）を含めた全20か国のデータを国際機構（ILO, IMF, OECD, WB）が発行している統計資料から収集し，われわれの定義に沿って再編成した。次の段階はデータの分析であり，上述の15の指標がさらに少数の中核的な構成要素になり得るかをみるため因子分析を行なった。そして，導き出された因子を用いて20か国間の類似性を明らかにするためにクラスタ分析を行なった。なお，用いたデータは1980年代と1990年代という2つの異なる年代のデータである。

因子分析の結果

表3は，因子分析によって特定された4つの因子，「開発主義」「コーポラティズム」「社会保障における個人責任」「国際的な貿易競争」を示している。1980年代，1990年代のどちらのデータにもとづく結果からも重要な不一致は見られなかったので，表には1990年代データの因子分析結果のみを示している。「開発主義」の因子は「政府の社会保障支出」，「社会的投資」，「社会的消費」，「経済の近代化」，「労働組合運動」，「性別による賃金の差」，「年金の非適用率」，「退職後の自立度」，「高齢者と子どもとの同居率」の9つの指標で構成されている。表3のとおり，「開発主義」因子は低いレベルの，政府の社会保障支出（−.954），経済の近代化（−.713），労働組合活動（−.647），高いレベルの，家族サポート（.859），性別による賃金の差（.827），社会的投資（.806）で示されており，東アジア福祉の特徴を正確に表わしている。

「コーポラティズム」因子は，主に3つの指標に由来する。それは「雇用

表3 1990年代の因子負荷量一覧

因子	変数	負荷量	名前	固有値	分散値	累積分散値
因子1	政府の社会保障支出	-.954	開発主義	5.776	38.505	38.505
	家族サポート	.859				
	年金の非適用率	.843				
	性別による賃金の差	.827				
	社会的投資	.806				
	退職後の自立度	.783				
	経済の近代化	-.713				
	労働組合活動	-.647				
	社会的消費	.492				
因子2	雇用主の拠出	.883	コーポラティズム	2.602	17.349	55.854
	福祉の階層化	.710				
	雇用者の拠出	.681				
因子3	民間年金の規模	.835	社会保障における個人責任	2.153	14.355	70.209
	資源依存度	.678				
因子4	貿易依存度	.911	国際的な貿易競争	1.248	8.320	78.529

主の拠出」「福祉の階層化」「雇用者の拠出」である。さらに「社会保障における個人の責任」因子は「民間年金の規模」と「資源依存度」の2つの指標から描き出され，最後に「国際貿易競争」因子は，「貿易依存度」の指標によってのみ示される。

階層的クラスタ分析の結果

次に，因子分析によって得られた4因子を用いて階層的クラスタ分析を行なった。図1の樹状図は1980年代のデータ分析結果を示したもので，1つの福祉レジームにグループ分けされるであろう国々の間での相対的距離を表している。20か国は，3つの主要なクラスタと2つの小さなクラスタによる5つのグループに大別されている。まずデンマーク，スウェーデン，フィンランド，ノルウェー，イギリス，オーストラリア，そしてニュージーランドがおおよそ社会民主主義と呼ばれる福祉国家で，高い普遍主義によって特徴づけられる。次のグループは明らかにコーポラティズム福祉レジームを示し，オーストリア，フランス，イタリア，ドイツ，さらに日本を含んでいる。ここで注目すべきことは，このコーポラティズム福祉国家グループの中で，

図1 1980年代の福祉レジームの階層的クラスタ図

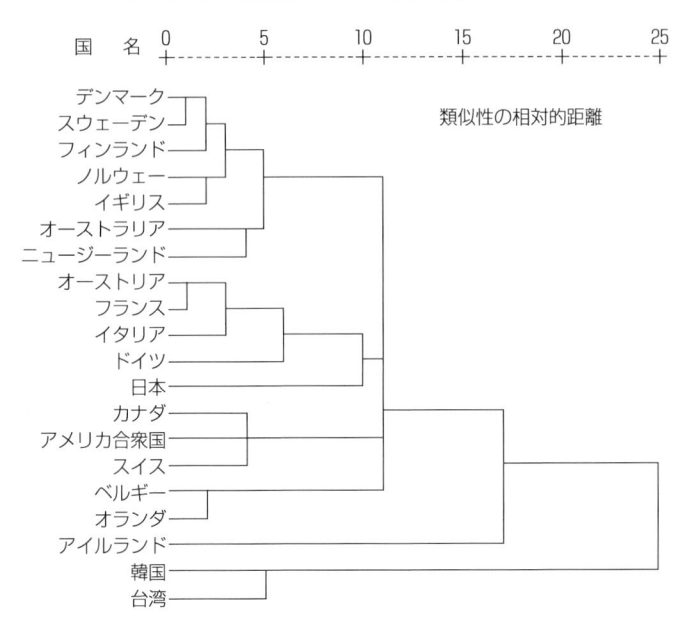

```
国 名   0        5        10        15        20        25
        +--------+---------+---------+---------+---------+
    デンマーク ┐
    スウェーデン ┤
    フィンランド ┤           類似性の相対的距離
     ノルウェー ┤
      イギリス ┤
   オーストラリア ┤
   ニュージーランド ┘
   オーストリア ┐
      フランス ┤
     イタリア ┤
      ドイツ ┤
       日本 ┘
      カナダ ┐
   アメリカ合衆国 ┤
       スイス ┤
     ベルギー ┤
     オランダ ┤
    アイルランド ┘
      韓国 ┐
      台湾 ┘
```

　日本とその他の国々の相対的距離は，他の国々同士の間の相対的距離より遠いという点である。これは，日本がこのコーポラティズム福祉国家グループの中で，離れたメンバーである可能性があることを暗示している。さらに3番目のグループの特徴は，明らかに1つの自由主義的福祉レジームであり，カナダやアメリカ，そしてスイスを含んでいる。

　それらの主要で「古典的」な集団とは離れて，ベルギーとオランダは4番目の小さなグループにまとめられる様相を見せている。そして最後に，とくに韓国と台湾はともに相対的距離が25になるまでは他のどんな国とも一緒にならず，2国で5番目のグループを形成している（このグループは他の先に言及した4グループから，大きくかけ離れていることを意味している）。

　1990年代のデータに基づく**図2**は，**図1**とは少し異なる結果を示している。まず樹状図は，この場合でも**図1**と同様に，3つの主要なグループとそこから散らばった他の2グループによる全体で5つのグループからなることを示している。また3つの古典的な福祉レジーム——社会民主主義，コーポ

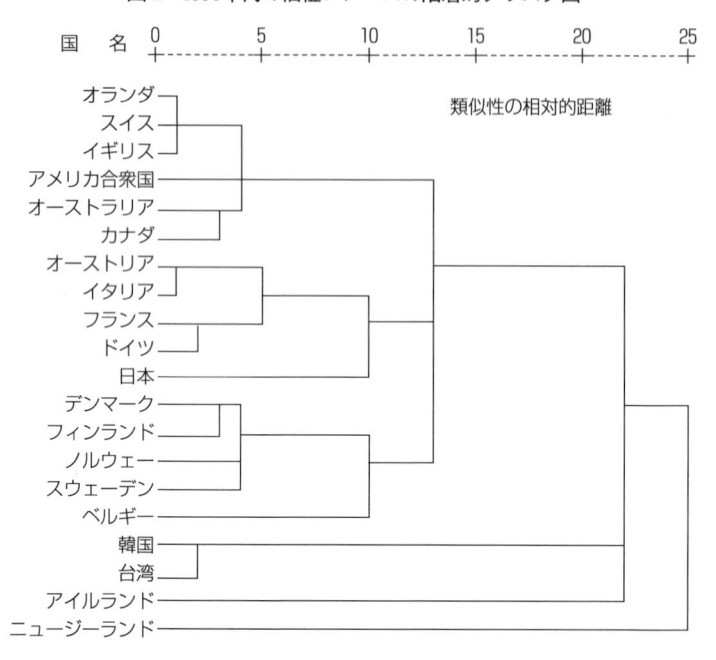

図2 1990年代の福祉レジームの階層的クラスタ図

```
国名      0        5       10       15       20       25
          +--------+--------+--------+--------+--------+
オランダ ┐
スイス  ┼┐                      類似性の相対的距離
イギリス ┘│
アメリカ合衆国 ┐│
オーストラリア ┼┴┐
カナダ      ┘  │
オーストリア ┐   │
イタリア   ┼┐  │
フランス   ┘│  │
ドイツ    ─┼──┤
日本     ──┘  │
デンマーク  ┐   │
フィンランド ┼┐  │
ノルウェー  ┘│  │
スウェーデン ─┼──┤
ベルギー   ──┘  │
韓国     ┐     │
台湾     ┴─────┤
アイルランド ────┤
ニュージーランド ─┘
```

ラティズム，自由主義——は早期もしくは早い段階で主要グループを構成している点も同様である。しかしながら，1990年代の社会民主主義レジームグループは4つのスカンジナビアの国々（デンマーク，スウェーデン，フィンランド，ノルウェー）とともにベルギーを含んでいる。ただし，ベルギーと4つのスカンジナビアの国々との相対的距離は，残りの国々の間の距離よりも大きいことを留意しなければならない。次に2番目のコーポラティズムグループは，再び図1と同様にオーストリア，イタリア，フランス，ドイツ，そして日本を含んでおり，日本とそのほかの古典的コーポラティズムの4国の間の相対的距離は，その4国間のそれよりも大きくなっている。一方で3番目の自由主義グループはカナダ，アメリカ，スイス，オーストラリア，オランダ，そして今回はイギリス——イギリスは1980年代におけるサッチャーリズムを経験した時から社会民主主義からは遠ざかっているが——を含んでいる（アイルランドとニュージーランドは，事実上独立したケースになっ

ていると思われる)。しかしながら，図2が明らかにした重要な点は，東アジア福祉レジームが，3つの古典的グループから完全に分かれて存在しているという点である。

　要するに韓国と台湾は，エスピン=アンデルセンが提案した福祉資本主義の3つの世界から区別されて，新しいグループを一緒にかたちづくっているのである。これらの2つの東アジアの国は，相対的距離が20以上であるうちは他のグループとは結合しない。この2国の相対的距離は非常に短くて近く，4つの因子における彼らの類似性を強く示している。さらに，3つの古典的福祉レジームは，1980年代と1990年代を通して彼ら自身の安定性を示している（オランダやオーストラリア，イギリス，ベルギー，ニュージーランドのようにいくつかの国は移動しているが）ことからも，東アジアには韓国と台湾からなる一貫した福祉レジームグループがあると考えられる点が，もっとも意味のあることである。この新しい福祉レジームはホリデイ(Holliday 2000)などの研究者によって提案された開発主義の主テーマに一致している。

　しかしたとえ上述の通りであっても，この結果は新たな問いを生じさせる。日本がこのレジーム調査においてどこに位置するのか。日本はなぜ予想されたであろう開発的福祉レジームのグループに入らないのか。何が福祉という点に関して日本と台湾や韓国とを違わせているのか。日本の福祉の開発は「コーポラティズム」と「開発度」の因子においてどの程度のものなのか。これらの問いに答えるために，図1と図2を再度概観し，さらに図3に進めることでそこに有効な説明を見出すことができる。図1と図2の両方で日本はコーポラティズム的な国にあげられているが，しかし両方のケースで，日本とそのグループの他の国々との間に大きな開きがあることも見て取れる。この結果は，日本が典型的なコーポラティズムの国というよりも，「コーポラティズム的傾向」という特徴をもつものとして捉えるのが適切である可能性を示唆している。図3では，1990年代のデータの因子分析に基づき，コーポラティズムおよび開発主義的特質について20か国の特徴を示すことを試みている。X軸にコーポラティズム，Y軸に開発主義を採ると，日本（国番号11），韓国（国番号12），そして台湾（国番号13）はすべて同じ象限にある。

図3 「開発主義」と「コーポラティズム」の
軸上における国の散布図

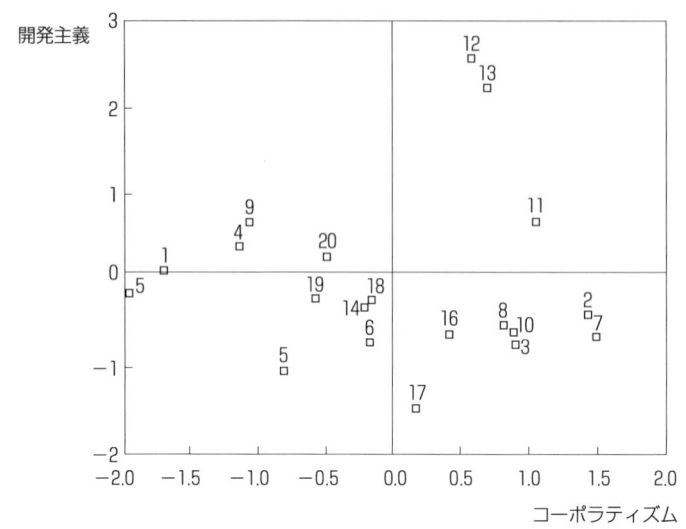

国番号：
1. オーストラリア，2. オーストリア，3. ベルギー，4. カナダ，
5. デンマーク，6. フィンランド，7. フランス，8. ドイツ，
9. アイルランド，10. イタリア，11. 日本，12. 韓国，13. 台湾，
14. オランダ，15. ニュージーランド，16. ノルウェー，
17. スウェーデン，18. スイス，19. イギリス，20. アメリカ合衆国

しかし日本が他の2国よりもよりX軸に近くY軸からは遠いことがわかる。この結果のもっともらしい説明は，日本において「開発主義」因子は弱く「コーポラティズム」因子は強いということである。別の言い方をすれば，日本はコーポラティズムグループ（オーストリア，イタリア，フランス，ドイツ）と東アジアグループ（台湾，韓国）の中間に位置しているといえる。これは，なぜ日本が「開発主義」的特徴が強いコーポラティズムとして現わされるのか，あるいはエスピン＝アンデルセン（Esping-Andersen 1997）が示したようなハイブリッド・ケースなのかという問いについて説明している。

5 考えられる説明要因

なぜ東アジア福祉レジームが，その政策の方向性において国家による福祉に対する強い敵意を含みながら，なお発展することができたのか。この問いは，東アジアにおける福祉の発達に関する静的分析や記述的分析よりも論理的説明を求めている。これまで，いくつかの多様な要因が東アジアの福祉の発展の説明に用いられてきた。それは以下のように要約される。

〔(A) 価値観と文化〕

最初の説明要因は，大部分が儒教に関する文化的背景から導き出される。この説明はまったく新しいものではなく，東アジアの福祉研究がちょうど始まった1980年代にまで遡るだろう。たとえば，香港の社会政策学者であるネルソン・チョウは，社会福祉に関する西洋思想と中国思想の間のもっとも特徴的な違いを，中国社会における家族や血縁のつながりの重要性の違いにあると説明した（Chow 1987）。同様にジョーンズは，親孝行が上の者への当然の敬意と下の者の世話と保護を保証している社会における，規範的な構成単位としてだけでなく鍵となる構成単位として家族をとらえ，儒教という文化的根源をもつ家産制福祉国家（Oikonomic welfare state）の概念を構築した。文化的な説明は東アジアの福祉研究における独自の取り組みに活気を与え，さらにその説明は現在でもリーガーとレイプフリードの著作に見られるように重要である。彼らは比較福祉国家研究上の課題としての東アジアに関する長い議論の後，「われわれが社会政策の本質を見るとき，違いは……東アジア社会ではすべての状況が儒教的な基本的指針を反映していて，同様に西洋ではすべての状況がユダヤ教とキリスト教に共通する価値によって形作られた基本的指針を反映しているということである」と主張している（Rieger and Leibfried 2003: 334）。

〔(B) 国家建設と政治上の民主化〕

国家による福祉への強い敵意があっても，東アジアでもいくつかの福祉ス

キームは拡大してきた。ミジリィ (Midgley 1986) はこれを社会政策策定における漸進主義者スタイルによって説明しているが，より具体的には，民主化の覚醒によって正統性が低下しつつあるためだとしている。このことは，台湾 (Ku 1995 など) と韓国 (Kwon 1999 など) の 1990 年代にかけての福祉の広がりについて，われわれが研究するとき，特に重要となる。タンも「韓国や台湾の経験は，民主化が社会福祉の発展に影響する重要な因子になりうることを示している」(Tang 2000: 60) と結論付けている。さらにゴフは，この東南アジアにおける新しい福祉国家についての説明を展開させて，「東アジアでは，少なくとも野党や候補者選挙という形では，民主化が遅まきながら出現してきている。韓国と台湾はいずれも 1987 年に民主主義論争を経験した。その結果，1990 年代の社会福祉における国家の責任という方向へ大きくシフトした。同様の転換を東南アジアにおいて期待するのは楽観的すぎるということはない」(Gough 2004: 201) と述べている。

〔(C) 資本主義発展とグローバリゼーション〕

政治上の民主化の影響にもかかわらず，福祉における国家の許容範囲はいまだに世界的な資本主義発展によって制限される。タイガー諸地域における社会保障費と供給のレベルの相対的な低さは，経済的な懸念——生産主義 (productivism) ——が社会的ニーズの充足に対する公的責任よりも優先されるという方向性を示している (Ku 2003: 158)。しかしこれは単に，世界的な資本の動きの中で競争のよりよい機会を得ようともがいている後進国が出現しただけ，という可能性もある。戦後の台湾に関する研究においてクーは，資本主義的発展と民主化の両者が，台湾の福祉に直線的ではないが重要な影響を与えたと結論付けている。以前の与党である国民党 (KMT) は民主化の圧力に応えるかたちで福祉スキームの拡大の方向へと向くことになった。しかし更なる資本主義的発展の要求が，国家の福祉に対する責任の急速な増加に対する警戒感をもたらした (Ku 1997: 246)。このジレンマは民主化の後も改善せず，そのため新たな与党である民進党 (DPP) は，一方で国際的な競争力を強化するための減税と，もう一方では新たな貧困をともなう失業率増加に由来する国家への社会福祉供給増への圧力に応えるための福祉の増

加とをミックスして社会政策を作り上げている (Ku 2004)。この奇妙で矛盾してさえいる政策の方向性が, 国際的競争力と社会変革の間に立つ国家のジレンマを如実に証明している。

〔(D) 社会と人口構造の変化〕

家族と親類縁者のつながりは, これまで東アジアの社会におけるもっとも期待される福祉供給者であったが, その可能性は人口構造の変化のために急速に低下している。これは, 東アジアにおいてもっとも高い高齢者人口割合をもつ日本の場合では, とくにあてはまることである。埋橋がコメントしたように「福祉社会の古い概念は破綻してきている。……家族はもはやその家族成員にケアを提供する余裕がない。家族の規模はより小さくなり, そしてより多くの女性が有給労働に従事するようになっている」(Uzuhashi 2001: 123)。

〔(E) 制度的アレンジメント〕

東アジアについての議論ではないが, インマーガットは制度的アレンジメントの重要性を指摘している。「政治制度は政策の特定の結果を予め決定付けるものではない。むしろ, それらは政治的アクターが選択を行なうような戦略的な状況を構築する」と彼は述べる (Immergut 1992: 239)。ある学者たち (たとえば Jones 1990; Tang 1998) は, 現存する政策的アレンジメントを植民地主義にまで遡って明らかにし, そこで(香港やシンガポールに対する)イギリスと(台湾や韓国に対する)日本の2つの植民地宗主国の起点の違いを暗示している。しかし, さらに注目すべきは政策策定における多様な政治的背景であり, それはたとえば, 法制や規制における, 政党, 利害団体もしくは集団, 社会運動, 階級間連合などの多くの主体を含んでいる。韓国でのクォンの著書は, 歴史的制度主義へのアプローチを用いて社会的活動と政策策定システムを概観し, それらが政府および政策システムの制度的アレンジメントによって条件付けられることを示している (Kwon 1999)。同様のアプローチはワン (Wong 2004) によっても用いられ, 台湾と韓国における医療・保健政策の策定に関しての政治的な競争の重要性を示し, 一方で政策に関する経

路依存性の論理は，1980年代と1990年代を通じた，とくに健康保険制度の領域において福祉の軌道を保障していることも指摘している。

6 残された論点

われわれが東アジア福祉の特異性について結論に至らないうちに，すでに，いくつかの最新の研究はその転換について検討をはじめている。1997年のアジアの経済危機は，危機への対応としてどのようなタイプの政策がどのような理由で策定されたかということを検討する多くの素材を提供した。また，同時に，グローバリゼーションの時代におけるそのような経済危機に対抗する東アジアがもつ，現存の福祉システムの潜在能力を検討するための多くの素材も提供している。結局のところ，次のような社会的側面においては，東アジアの政府や政策の一貫した戦略，政策は存在しなかった。それはたとえば，より統合的な雇用サービスや公共事業計画，社会保障の拡大，そして社会的弱者への基本的なセーフティー・ネットを供給するための社会扶助の変革などである (Croissant 2004; Kwon 2005)。クロワッサンの調査によれば，台湾や韓国が社会保障の拡大の方向へ動くなかでも，特に東南アジアの国々は，確立した残余的な福祉プログラムと伝統的な家族主義の強化を求めているとされる (Croissant 2004: 519)。このことは，また新たな問いを誘発する。それは単に東アジアの国々が直面するであろう危機や難題についてだけでなく，東アジアの国々が行なうであろう政策選択についてのものでもある。これらの問いは研究の新しい方向を開くものであり，またより詳しく検討する価値のあるものである。

1つ目の問いは，その危機や難題がどこから来たのかである。人口の高齢化や家族構造の変化のような内的な要因がある一方で，世界的な競争の激化や経済成長の減速などの外的要因があり，それらが結合して東アジアの福祉に影響してきた。しかしその程度は，各国の発展や経済構造のレベルによって多様になっている。東アジアの福祉は一般に，主に2つの柱に基礎を置いている。それは経済成長と完全雇用であり，後者は実際には前者に依存している (Ku 2003: 158)。しかし，これは今後も続くものとは考えられず，その

ことは，公によるものか民によるものかにかかわらず，福祉供給に対する圧力を増加させることになる。

その結果，第2に，危機と課題が，政治的なプロセスを通して政府および利害関係者（related stakeholders）によって確認されるようになり，そうしたことによって社会福祉供給における変化が検討課題として据えられ，修正されることになる。一部の東アジア諸国における政治上の民主化は，関与の拡大，あるいは現在の関与の合理化など，かたちは何であれ別の主要な社会政策革新を支持または抵抗するような政治的・社会的連携の新たな基盤を開いた。新自由主義イデオロギーの支配のもとで，社会政策はしばしば労働コストや留保賃金（the reservation wage）の引き上げによって労働市場に干渉するものと考えられている。しかしそれは真実とは限らない。ホールとソスキスが主張するように（Hall and Soskice 2001），多くの種類の社会政策が実際に市場の機能を改善し，あるいは確かな戦略を達成するための企業の能力を強化し，それによって経済界の積極的な支援を鼓舞することがある。特定のアクターが社会政策に対抗したり当然のように反対したりするというより，むしろ彼らは他者との戦略的な相互作用によって，自分の合理的な方法で自分の利益が増進することを求めている。

そして最後に，それらすべてが，政策領域でなされる選択についての詳細な研究の更なる必要性を暗示している。つまり，政策の基本方針を置く理由やすべてのアクターによってどのように修正されるか，それがどのようにどの程度実行され現実の結果となるのか，そして個々の福祉改革が現実の福祉モデルの構造転換を意味するようになるのはいつなのかなどを明らかにする必要がある。このことは，東アジアの福祉を捜し求めるための努力をやめるべきではないという期待を示しているが，同時にその発展を理解するための理論的枠組みをさらに追及する義務があるということでもある。

そこで，われわれは，東アジア福祉研究における3番目のグループを提案する。それは個々の国のケース報告やレジームを基本とした他の2つのグループを超越し，当該地域における福祉発展の背後にある決定要因により留意するものである。また，資本主義を織りなす構造的要因（およびグローバリゼーション），民主化（および社会運動）と社会政策の形成とを関連づけた

研究である。

　たとえば社会保障を例にとると，台湾，韓国，シンガポール，香港という4つの経済地域のさまざまな社会保障モデルの発展を文化的文脈で十分に説明することは困難である。それらすべてが同様の儒教の価値を共有しているが，しかし次にみるようにかなり異なる社会保障のやり方を採用している。現代の不安定な経済のリスクに対する要求の増大への対応において，シンガポールや香港に見られるプロビデント・ファンドに対して，台湾と韓国はビスマルク的な社会保険をとる。それらの国・地域にはそれぞれ特有の制度的アレンジメントがあり，また，それぞれの地域が直面する課題は「相違」というより「程度」の問題であるという点もある。人口の高齢化のプロセスは現存の社会保障制度における改革への圧力を増し，そして上述の4つの地域は共通してこのことを不安視している。しかしながら，興味深いことに4地域のいずれも，現実には家族による福祉の供給へと回帰してはいない。それよりもむしろ，国家は一方で範囲の拡大によって，もう一方ではパフォーマンスの改善によって社会保障により深くかかわり，そのことは西欧の福祉国家により類似した路線に沿った展開で発展していることを暗示している。

　しかしながら，クロワッサン (Croissant 2004) が述べているように，西洋型福祉国家に代わるものとしてのアジアモデルについての議論が，一部の東アジア諸国が西洋の経験を反省的に学んでいるためにほとんど魅力がなくなっている，というのはあまりに恣意的である。東アジア福祉は，今後もその重要性を保つだろうし，それはその最終的なモデルのためではなくその発展のプロセスのゆえである。多くのアクターが東アジア福祉の発展に関与し，彼らの考えや彼らの決定の理由，そして彼らがどのように行動したかが結びついて，特定のケースにおける福祉ミックスやさらなる発展のための道筋を形成するのである。

7　結　　論

　本章の議論は，これまで広く論議され，他の福祉レジームの比較研究の発展に大きな影響を与えてきたエスピン=アンデルセンの説の妥当性に反対す

るものではない。というよりむしろ，東アジア福祉研究のここ十年の特筆すべき発展の後，過去の主要な研究結果を要約し，将来に向けてわれわれに何ができるのかについても考えるべき時にきているはずであるという事実を喚起したいと考えるものである。なぜ，われわれが今を良いタイミングだということにこれほど自信をもつのか。それは2つの理由による。1つは関連する研究や刊行物の増加が，東アジアを比較社会政策比較の議論において1つの重要な地域であることを証明し，さらにそれらがその地域の課題提起や政策論議，そして理論構築のための基本的な素材となっているからである。そして2つ目は，東アジア福祉研究に携わる東西双方での研究者の増加が，この研究者集団をより活動的で将来性のある，そして新しいアイデアが溢れるものへと変えつつあるからである。

しかしながら，おそらく東アジア福祉研究の発展の遅れのために，この地域での国を横断しての共同研究を促進するような一貫した，長期にわたる取り組みはほとんどみられない。特に現在の研究のほとんどは，その国とは異なる国の研究者によって書かれたり行なわれたりしたケース報告であるという事実がある。このことは，東アジアにおける本当の比較社会政策研究の到来を遅らせ，さらには国を横断した長期的なデータ，それもいくつかの理論的側面に由来する指標に基づいたものが，近い将来には開発されそうにない状況にあるということを意味している。それは福祉のモデル化や分類の可能性を限定してしまうものである。

しかし上記のような困難にもかかわらず，われわれはさらなる研究とお互いの意見交換を必要としつつも，正しい方向へと進んでいる。もしそうであれば，それを続けていくことで，われわれは世界の福祉へむけた重要な教訓だけでなく，東アジアの福祉世界についての実りある理解を実現していくことになるだろう。

(山村りつ・市瀬晶子訳)

■参考文献

Alcock, P. and G. Craig eds. 2001 *International Social Policy*, Basingstoke: Palgrave Macmillan.

Aspalter, C. 2001 *Conservative Welfare State Systems in East Asia*, Westport, Connecticut: Praeger.

Aspalter, C. ed. 2002 *Discovering the Welfare State in East Asia*, Westport, Connecticut: Praeger.

Chow, Nelson W. S. 1987 "Western and Chinese Ideas of Social Welfare," *International Social Work*, 30: 31-41.

Colebatch, H. K. 1998 *Policy*, Minneapolis: University of Minnesota Press.

Croissant, A. 2004 "Changing Welfare Regimes in East and Southeast Asia: Crisis, Change and Challenge," *Social Policy and Administration*, 38, 5: 504-24.

Dixon, J. and H.-S. Kim eds. 1985 *Social Welfare in Asia*, London: Croom Helm.

Esping-Andersen, G. 1990 *The Three Worlds of Welfare Capitalism*, Cambridge: Polity.

Esping-Andersen, G. 1997 "Hybrid or Unique? The Japanese Welfare State between Europe and America," *Journal of European Social Policy*, 7, 3: 179-89.

Esping-Andersen, G. ed. 1996 *Welfare States in Transition: National Adaptations in Global Economics*, London: Sage.

Esping-Andersen, G. 1999 a *Social Foundations of Postindustrial Economies*, Oxford: Oxford University Press.

Esping-Andersen, G. 1999 b "Preface for Chinese Version," *The Three Worlds of Welfare Capitalism*. Taipei: Mainstream Publisher.

Goodman, R., White, G. and H.-J. Kwon eds. 1998 *The East Asian Welfare Model: Welfare Orientalism and State*, London: Routledge.

Gough, I. 2004 "East Asia: The Limits of Productivist Regimes," I. Gough and G. Wood eds., *Insecurity and Welfare Regimes in Asia, Africa and Latin America: Social Policy in Development Contexts*, Cambridge: Cambridge University Press, pp. 169-201.

Gough, I. and G. Wood eds. 2004 *Insecurity and Welfare Regimes in Asia, Africa and Latin America: Social Policy in Development Contexts*, Cambridge: Cambridge University Press.

Hall, A. P. and D. Soskice 2001 "An Introduction to Varieties of Capitalism," A. P. Hall and D. Soskice eds., *Varieties of Capitalism: The Institutional Foundations of Comparative Advantage*, Oxford: Oxford University Press, pp. 1-68.

Holliday, I. 2000 "Productivist Welfare Capitalism: Social Policy in East Asia," *Political Studies*, 48: 706-23.

Holliday, I. and P. Wilding eds. 2003 *Welfare Capitalism in East Asia: Social Policy in the Tiger Economies*, New York: Palgrave Macmillan.

Immergut, E. M. 1992 *Health Politics: Interests and Institutions in Western Europe*, Cambridge: Cambridge University Press.

Jones, C. 1990 "Hong Kong, Singapore, South Korea and Taiwan: Oikonomic Welfare States," *Government and Opposition*, 25: 446-62.

Jones, C. 1993 "The Pacific Challenge: Confucian Welfare States," C. Jones ed., *New Perspectives on the Welfare State in Europe*, London: Routledge, pp. 198-217.

Jones, C. 2005 "Reviews," *Social Policy and Administration*, 39, 1: 80-94.

Jones, C. ed. 2001 *Comparing the Social Policy Experience of Britain and Taiwan*, Aldershot: Ashgate.

Ku, Y.-W. 1995 "The Development of State Welfare in the Asian NICs with Special Reference to Taiwan," *Social Policy and Administration*, 29, 4: 345-64.

Ku, Y.-W. 1997 *Welfare Capitalism in Taiwan: State, Economy and Social Policy*, Basingstoke: Macmillan.

Ku, Y.-W. 2003 "Social Security," I. Holliday and P. Wilding eds., *Welfare Capitalism in East Asia: Social Policy in the Tiger Economies*, Basingstoke: Palgrave Macmillan, pp. 128-60.

Ku, Y.-W. 2004 "Is There a Way Out? Global Competition and Social Reform in Taiwan," *Social Policy and Society*, 3, 3: 311-20.

Kwon, H.-J. 1998 "Democracy and the Politics of Social Welfare: A Comparative Analysis of Welfare Systems in East Asia," R. Goodman, G. White and H.-J. Kwon eds., *The East Asian Welfare Model: Welfare Orientalism and State*, London: Routledge, pp. 27-74.

Kwon, H.-J. 1999 *The Welfare State in Korea: The Politics of Legitimation*, Basingstoke: Macmillan.

Kwon, H.-J. 2005 "An Overview of the Study: The Developmental Welfare State and Policy Reforms in East Asia," H.-J. Kwon ed., *Transforming the Developmental Welfare State in East Asia*, Basingstoke: Palgrave Macmillan, pp. 1-23.

Midgley, J. 1986 "Industrialization and Welfare: The Case of the Four Little Tigers," *Social Policy and Administration*, 20, 3: 225-38.

O'Connor, J. 1973 *The Fiscal Crisis of the State*, New York: St. Martin's Press.

Ramesh, M. 2004 *Social Policy in East and Southeast Asia: Education, Health, Housing, and Income Maintenance*, London: Routledge.

Rieger, E. and S. Leibfried 2003 *Limits to Globalization: Welfare States and the World Economy*, Cambridge: Polity.

Takahashi, M. 1997 *The Emergence of Welfare Society in Japan*, Aldershot: Avebury.

Tang, K.-L. 1998 *Colonial State and Social Policy: Social Welfare Development in Hong Kong 1842-1997*, Lanham, Maryland: University Press of America.

Tang, K.-L. 2000 *Social Welfare Development in East Asia*, New York: Palgrave.

Uzuhashi, T. K. 2001 "Japan: Bidding Farewell to the Welfare Society," P. Alcock and G. Craig eds., *International Social Policy*, Basingstoke: Palgrave Macmillan, pp. 104-23.

Wilding, P. and K.-H. Mok 2001 "Hong Kong: Between State and Market," P. Alcock and G. Craig eds., *International Social Policy*, Basingstoke: Palgrave Macmillan, pp. 242-56.

Wilensky, H. 1975 *The Welfare State and Equality*, Berkeley, CA.: University of California Press.

Wilensky, H. and C. Lebeaux 1965 *Industrial Society and Social Welfare*, New York: The Free Press.

Wong, J. 2004 *Healthy Democracies: Welfare Politics in Taiwan and South Korea*, Ithaca: Cornell University Press.

第2章　遅れてきた福祉国家
―― 韓国からの新しい視座 ――

金　成垣

1　はじめに

　比較福祉国家研究の分野で，東アジア諸国・地域は，欧米の「福祉国家」に対して「後発福祉国家」と呼ばれることが多い。しかし，比較研究の現状をみると，その後発の問題を社会科学的に捉えるアプローチはほとんど見当たらない。近年の東アジア福祉国家研究に見られる方法論的限界の多くは，それに起因するものと思われる。そこで本章においては，「遅れてきた福祉国家」という考え方から，福祉国家展開における後発の問題を明らかにし，東アジア福祉国家研究の新しいアプローチを探ることを目的とする。そのため，第1に，近年の東アジア福祉国家研究の意義や限界を指摘したうえで，新しい視点として「遅れてきた福祉国家」という考え方を検討する。第2に，後発福祉国家の1つのケースとして韓国の経験を取り上げ，それを「遅れてきた福祉国家」という枠組みから分析する。最後に，以上の議論をふまえて，韓国のみならず他の東アジア諸国・地域を比較分析のなかに位置づけるためのいくつかの論点を見出しつつ今後の東アジア福祉国家研究の課題を示す。

2　比較のなかの東アジア

東アジア福祉国家研究の意義と限界

　近年，比較福祉国家研究の分野では，東アジア諸国・諸地域に関する議論が盛んになっている。それは，東アジアの内部における福祉国家研究への関心の高まり，そして東アジアを対象とする福祉国家研究の流行りという点で，東アジア福祉国家研究の興隆ともいえる状況である。主に1990年代後半以降のことであるが，この東アジア福祉国家研究の展開のなかで，従来の例外論または段階論的認識から離れて欧米の福祉国家群と同一線上で東アジアの国々を特徴づける多くの議論が試みられている。これらの試みは，これまで欧米諸国を中心として展開されてきた比較福祉国家研究の射程を広げており，この意味で極めて有用であることは論をまたない。しかしながら，それらの議論がはたして東アジアの国々を比較分析のなかに位置づけることに成功しているのかについては疑問を持たざるを得ない。この疑問の根底には，近年の東アジア福祉国家研究が基本的に「横」の類型論を志向しており，「縦」の動態論にはそれほど関心をもたないことに対する問題意識が横たわっている。

　1990年以来，比較福祉国家研究のメインストリームになっているエスピン゠アンデルセン（Esping-Andersen 1990）の福祉レジーム論の登場は，東アジア諸国・諸地域を比較の俎上に載せていくうえで大きな影響を与えている。東アジアに関する近年の議論のほとんどは，福祉レジーム論の枠組みのなかで語られているが，たとえば，日本の状況について武川は次のように述べている。

　　日本の福祉国家の特徴づけをめぐっては，エスピン゠アンデルセン（1990）が比較福祉国家研究におけるパラダイムの地位を獲得して以来，彼の影響下にあると言っても過言でない。日本は，社会民主主義，保守主義，自由主義のうち，いずれの福祉（国家）レジームに属するかといった問いが発せられ，その答えをめぐって論争が繰り広げられているの

である（埋橋 1997）。エスピン゠アンデルセン自身は当初，脱商品化スコアの値から日本を保守主義レジームの一種と位置付けていたが，最近では，自由主義と保守主義の混合型（hybrid）であると出張している。日本が社会民主主義レジームだと考えるひとはいないが，自由主義レジームであると主張するひとはいる。(武川 2005 a: 110)

いわば福祉レジーム論争とも言われる状況であるが，1990年代後半以降の韓国でもほぼ同様の状況が見られている（キム・ヨンミョン編 2002）。経済危機をきっかけとしてラディカルな福祉改革が行なわれるなか，国内の研究者の間では福祉レジーム論への関心が高まり，韓国の福祉国家のあり方に関してさまざまな議論を戦わすようになった。そのなかでは，韓国が自由主義または保守主義レジームであると判断するひともいれば，その両レジームの混合型であるというひともいる。さらには3つのレジームの混合型であると考えるひとも存在している。おそらくこのような状況は，台湾や中国においても（対しても）それほど変わらないであろう。

そもそも比較研究において類型論的認識は極めて魅力的なものである。自国の現状を知る，あるいは今後の政策方向を考える際に類型論は1つの鏡となり，それによって自らの姿をよりよく把握することができる。問題は，上述の東アジア福祉国家研究において鏡となっている福祉レジーム論は，欧米諸国の歴史的経験の一般化から得られたものであるため，その鏡に照らしてみることによってむしろ東アジアの国々自らの姿が見えにくくなっているのでないか，という点である。たしかに日本や韓国，さらには他の東アジア諸国が3つのレジームのうちのいずれに属するかといった議論のなかでは，いまだに納得のいく答えが出ていないのである。むしろ「座りの悪さ」だけが浮き彫りになっているのが，福祉レジーム論争の今日の到達点である。

他方，東アジア福祉国家研究のなかでは，福祉レジーム論に依拠しながらも，単に3つのレジームを当てはめるのではなく，それとは別のレジームを見出す議論も出てきている。生産主義レジーム論（Holliday and Wilding 2003）や開発主義レジーム論（Kwon 2005; 鄭 2006）がそれであるが，そこでは，労働運動や左派政党の弱さと権威主義的な国家官僚制の強さ，経済政策に埋め

込まれた福祉政策,国家の福祉的機能の弱さと家族のそれの強さなどといった特徴づけから,東アジア諸国が3つのレジームとは異なる第4のレジームであることを指摘している。しかしこの指摘の正当性についても留保が必要である。なぜなら,議論の出発点において比較分析の対象となる福祉国家についての共通基準を問う視点が欠けているこのアプローチは,共通性のないものの比較という重大な方法論的誤謬を犯す危険性があるからである。実際,以上の特徴づけからも明らかなように,この第4レジームのアプローチは結局,欧米の福祉国家の「発達」の理論をもって,東アジアにおける福祉国家の「未発達」とその原因を説明する議論になってしまっている[1]。

　近年の東アジア福祉国家研究の以上のような限界が示しているように,西欧社会の歴史的,社会的文脈の分析のうえで作られた理論を,それ以外の国に適応することは難しい作業である。そもそもそういった作業の必要性の是非に疑問を投げかけるひともいるかもしれない。しかし少なくとも,「自らの姿をよりよく把握する」ための鏡が必要であることを認めるのであれば,類型論の有用性は否定できないであろう。ここで言えることは,近年の東アジア福祉国家研究においては類型論だけが先走り,東アジアの国々が置かれている歴史的,社会的文脈は置き去りにされているのではないか,ということである。言い換えれば,横の類型論の前提として縦の動態論をまず考えよう,というのが東アジア福祉国家研究に対する本章の提案である。

「遅れてきた福祉国家」という考え方

(a) 時間軸の視点

　ただし,縦の動態論は基本的に一国内の問題に焦点を置くため,国ごとの多様性の指摘に終始するような個別論に陥りやすい。そこで本章においては,欧米の福祉国家群に比べて東アジアのそれを「遅れてきた福祉国家」と位置づける比較歴史的視点から縦の動態論を試みることにしたい。これは,比較福祉国家研究に時間軸の視点を取り入れようとする新しい試みでもある。

---

[1] 以上でみてきた東アジア福祉国家研究の意義と限界については,金成垣 (2008) の第1,2章で詳しく論じているので参考にされたい。

たしかに，これまでの比較福祉国家研究では，先発国と後発国との間に存在する時間（差）の問題を積極的に取り入れることがほとんどなかった。欧米諸国の場合，ほぼ似たような時期に福祉国家化を経験しており，そこに時間差の視点が入り込む余地は少なかった。そして戦後の日本が，欧米諸国に比べて遅れて福祉国家化に乗り出したにもかかわらずその状況は変わらなかった。当初の議論をみると，日本は福祉国家としての例外とみなされる傾向が強かったのである。ところが，1990年代以降，韓国や台湾など，他の東アジア地域で福祉国家の萌芽的発展が見られるようになり，例外としての日本＝個別国家でなく，遅れて福祉国家化を経験している東アジア諸国＝国家群が「発見」された。そこで，東アジア諸国が比較福祉国家研究の舞台に本格的に登場したわけだが，しかし先述した東アジア福祉国家研究が示しているように，欧米と東アジアとの間に存在する福祉国家展開の時間差の問題を認識する議論はほとんど見当たらない。これら後発国が先発国のキャッチアップの途上にあり，いずれ先発国の経験へと収斂していくだろうという段階論的認識が依然として強く働いているかもしれない。

　一般的に言って，後発国は例外なく，先発国からのさまざまなインパクトを受けながら自らの姿を変容させていく。そこには先発国との何らかの格差を縮めようとするキャッチアップ志向も含まれる。しかしそれは，単線的なキャッチアップ過程としては説明し尽くせない。後発国が，福祉国家化の先発国をキャッチアップするに当たって，いかなる福祉問題に直面したのか，その問題をめぐる諸制度や政策がいかなる構造をもっていたのか，そしてまた，そういった国内的状況だけでなく，経済的・政治的要因を含む国際的環境に対して当該社会の諸アクターがいかなる戦略を取ろうとしたのか等々，さまざまな要因とその相互作用が福祉国家化の過程を作り上げると考えるからである。つまり，先発国に単に追い着こうとする過程ではなく，時間軸での遅れた経験が先発国とは異なる「経路」を生み出し，それが新しいパターンとして現われうるということである。とすれば，それは段階論的あるいは進化論的な認識には還元されず，また先発国の経験からの類型論に依るかぎり「座りの悪さ」としてしか決着を付けられない，いわば独自の「類型」として現われてくるはずである。これが，「遅れてきた福祉国家」という状況

認識であり，従来の比較福祉国家研究のなかに時間軸の視点を取り入れようとする本章の基本的な考え方である。

(b) 共通の基準としての福祉国家

ところで，時間軸の視点を取り入れたアプローチから東アジア福祉国家研究を展開しようとするさい，その出発点においてまず問題となるのは，福
祉
国
家
形
成
の
時
点をいかに規定するかであろう。なぜなら，福祉国家形成の時点を明確にすることによってはじめて先発国と後発国との間に存在する時間差が明らかになり，そこで「遅れてきた福祉国家」という視点からの比較分析がスタートできるからである。そのとき参考になるのが，福祉国家の歴史的起源に関する従来の福祉国家論の2つのアプローチである (cf. Pierson 1991=1996: 34, 36-52; 三重野・平岡編 2000: chap. 8)。

1つは，資本主義との関係から福祉国家の歴史的起源を探る，いうならば社会経済学的アプローチである。このアプローチの主な論点は，資本主義あるいは市場経済の進展が生み出すさまざまな問題は，市場の内部では解決することができず，そのため国家の脱商品化政策が不可欠であるという点である。一言でいうと，「市場経済の安定装置としての福祉国家」(Polanyi 1957) という論点である。こういった社会経済学的アプローチは，ポランニーにその起源をもち，その後，カットライト (Cutwright 1965) やウィレンスキー (Wilensky 1975) による，経済発展と福祉国家の展開の関係に関する実証研究を含みながら議論が展開されてきた。

もう1つは，民主主義との関係から福祉国家の歴史的起源を探る，いうならば社会政治学的アプローチである。このアプローチからは，政治的民主化による大衆民主主義の進展が，市民の生存権（社会的市民権）を保障するような福祉国家体制を誕生させる重要な契機となったということが重要な論点として見出される。言い換えれば，「民衆の政治的組織化の産物としての福祉国家」(Flora and Heidenheimer 1981: 23) という論点であるが，こういった社会政治学的アプローチは，キャッスルズとマッキンレー (Castles and Mckinlay 1979) まで遡り，その後，シュミット (Schmidt 1983) やコルピ (Korpi 1983) などによる，政治諸勢力（やそれのもつイデオロギー）と福祉国家の展開の関

係に関する実証研究を含むかたちでさまざまな議論が展開されてきた。

　以上の「市場経済の安定装置としての福祉国家」,「民衆の政治的組織化の福祉国家」という2つの条件は,前者が福祉国家形成の経済社会学的要因を,後者が政治社会学的要因を強調することによってある意味で対立する議論として展開されてきた側面もある (cf. Castles and Mckinlay 1979)。しかしながら,テルボーンの次のような洞察から考えれば,両議論は必ずしも相容れないものとは言えない。すなわち「福祉国家は,……市場の拡大過程と,市場からの保護を求める対抗運動の過程という二重の歴史過程のなかで出現した」(Therborn 1987: 240) といった議論から見られるように,その2つの条件は,福祉国家の歴史的起源を探るうえで,コインの両面の関係にあるのである。この点,かつてポランニーが,「二重の運動」のなかから19世紀の自由放任・夜警国家体制から20世紀の福祉国家体制への「大転換」を論じた際の論点であり,またエスピン=アンデルセンが福祉レジーム論の出発点において,脱商品化の要因とそれをめぐる政治的アクターという要因に着目しながら福祉国家の再定義作業を行なった際の論点でもある (Esping-Andersen 1990: Chap. 1)。

　以上のような福祉国家形成の歴史的条件を出発点としつつ,そこに時間軸の視点を取り入れるアプローチとして「遅れてきた福祉国家」という視点から,以下,韓国における福祉国家の経験を分析してみることにする。

3　「遅れてきた福祉国家」としての韓国

　「市場経済の安定装置としての福祉国家」,「民衆の政治的組織化の産物としての福祉国家」という歴史的理解から出発すれば,韓国で福祉国家形成が開始したのは,1990年代後半のことである。本節ではその過程を分析していくが,ここであらかじめ韓国で福祉国家が形成した90年代後半を前後とした転換期の特徴を「遅れてきた福祉国家」の二重構図として捉えておくと,次の2つの局面に分けられる。すなわち,1つは,これまで韓国で開発独裁政権の成長優先政策によって福祉国家化が遅れてきたことを示す「遅れてきた福祉国家」の「遅滞」[2]の局面であり,もう1つは,韓国における福祉国

家の形成が,ポスト冷戦期のグローバル資本主義という国際環境のなかで始まっていることを示す「遅れてきた福祉国家」の「後発」の局面である。90年代後半,韓国は,「遅れてきた福祉国家」のこの2つの局面が絡み合い,先発福祉国家が半世紀以上かけて経験してきた福祉国家の形成と再編を同時に経験していることを,以下,分析していく。

「遅れてきた福祉国家」の局面Ⅰ=「遅滞」の構造

(a) 1990年代前半までの社会保障制度の展開過程

韓国で社会保障制度が最初に導入されたのは,1960年代初頭のことである。60年に軍人年金法と公務員年金法をはじめ,翌年には生活保護法が制定され,社会保険と公的扶助の2つの柱からなる社会保障制度が韓国社会のなかで一歩を踏み出すことになった。その後,63年の産業災害補償保険(以下,産災保険)の制定(500人以上の企業),70年の社会福祉事業法の制定,73年の私立教職員年金法の制定,76年の医療保険の改正(任意加入から強制加入へ,500人以上の企業)や医療保護法の制定など,60‐70年代を通じて韓国の社会保障制度は徐々に拡大していく。

1980年代になると,81年の老人福祉法や心身障害者福祉法の制定など新しい制度の導入がみられ,他方では既存の社会保障・福祉関連法の改正を通じてその内容をさらに充実していくが,特に80年代後半以降における制度変化は注目に値する。十数年も後回しにされてきた年金制度が[3] 88年に実施されたし(10人以上の企業),医療保険の場合,88年には農漁村地域に,89年には都市地域にまで拡大した。産災保険の適用範囲も拡大してきて92年には5人以上の企業まで包括するようになった。そして,95年に雇用保険制度が実施され(30人以上の企業),年金,医療,雇用,産災という4大社会保険制度がすべて整備されるようになった。また,90年代初頭には,80年

---

[2] ここで,「遅滞」という言葉は,福祉国家化のスタートが時間的に遅れてきたことを示すものであって,段階論あるいは進化論的な意味を含んでいないこと,つまり価値中立的に用いていることを強調しておきたい。

[3] 1973年に「国民福祉年金法」が制定されたが,オイル・ショックのため74・5年の改正で延期されたことになった。

代初頭に導入した各種の社会福祉関連制度の改正とともに，母子福祉法（89年），嬰幼児保護法（91年）などが新たに制定されるなど，福祉政策の全般的な発展がみられた。

　1980年代後半以降にみられた以上のような制度拡充の背景としては，「民主化」という韓国社会の大きな変化が指摘される。それまで経済成長のみを福祉問題の解決とする成長第一主義が長いあいだ国家政策に反映されてきたし，それを貫徹させようとする権威主義的な軍事独裁によって，下からの福祉要求は徹底的に抑圧されていた。しかし，87年の6月の「民主化宣言」に代表される民主化過程は，軍事独裁政権の後退をもたらし，制限的であるとはいえ，民主主義を進展させるものであった。このような状況のなかで，政府は福祉政策に関して，以前とは異なり，より積極的な姿勢へと転換するようになったのである。とくに，4大社会保険の整備によって，61年に制定された生活保護制度とあわせて，韓国の社会保障制度の体系が備わったことは，この民主化を背景とする重要な変化である。キム・テソン（金泰星）とソン・ギョンリュン（成炅隆）が，この時期を観察しながら「4半世紀にわたる圧縮的産業化以後，韓国でも終に福祉国家が誕生する契機が形成された」と述べているように（キム・テソン／ソン 2004: 401），80年代後半から90年代前半にかけて福祉国家の形成が開始したという認識が広く見られている（cf. イ 2006; 上村 2006）。

　1987年の民主化以後の変化は確かに大きい。しかしながら，この時期の状況が，韓国における福祉国家の誕生あるいは形成を示すというには無理がある。というのは，本章の文脈からすると，「市場経済の安定装置としての福祉国家」，「民衆の政治的組織化の産物としての福祉国家」という諸条件が欠けていたからである。

(b)「市場経済の安定装置としての福祉国家」の不在

　まず，社会保障制度は存在していたが，それが「市場経済の安定装置」の機能，言い換えれば脱商品化機能をもっていたかには疑問の余地がある。社会保険制度においては，制度の発展過程でも明らかなように，失業や老齢など生活上の困難といった需要側面ではなく，財源調達といった供給側面を重

視しながら保険料の納入能力をもつ者を中心に,すなわち大企業の賃金勤労者から下の方向に拡大してきたため,相対的に保護が必要な,あるいは社会的リスクにさらされる可能性の高い者はむしろ制度から排除されていた。実際,医療保険制度を除くと,1995年の時点で,国民年金制度では5人未満の企業勤労者や日雇労働者,都市自営業者が排除されており,産災保険制度においては5人未満の企業勤労者,そして雇用保険制度においては30人未満の企業勤労者が制度提供の枠外に存在していた。さらに,国民の最低生活を保障する公的扶助制度は,資本主義初期の新救貧法の原則が徹底的に反映され,救済の対象基準が貧困ではなく,18歳未満と65歳以上の者,すなわち労働能力のない者のみに限定していた。しかもその場合でも,扶養義務者がいないか,扶養者に労働能力がないことが認められた場合のみ受給資格が得られた。

　要するに,1990年代半ばまでの時期における韓国の社会保障制度は,労働能力のある者は社会保険により,労働能力のない者は公的扶助により保護するような仕組みを採っていた。福祉国家のパラーメーターとしての脱商品化とは,資本主義の市場経済のもとで商品化された労働力の商品性が,福祉国家という制度的装置によって解除される度合いを示す。しかし,以上のような社会保障制度の整備状況は,労働能力のある者が労働市場から脱落したとき,保護を受けるような仕組みにはならず,労働力が脱商品化されることはできなかった。社会保険制度と公的扶助制度は存在することは存在していたが,相互に何らの関連性をもたず,社会保障制度は体系として整備されていなかったがゆえに,そこで福祉国家の「形成」が言われたとしても,「市場経済の安定装置」としての機能が極端に低いということになるのである。

(c)「民衆の政治的組織化の産物としての福祉国家」の不在

　次に,民主化以後の諸制度の整備や拡充過程が,「民衆の政治的組織化の産物」であったかという点についても疑問が残る。1960年代から徐々に始まった社会保障制度の導入・拡充過程は,政府が,政党などの政治集団だけでなく,労働者や農民,あるいは利害当事者などの社会勢力を徹底的に排除する,いわば「上からの制度化」の過程であった。金淵明(2005)は,この

ような特徴を「排除の政治」と呼んでいるが，以下でみるように，この「排除の政治」という状況は，民主化以後にも続いていく。

　第1に，労働勢力の排除である。1980年代後半における韓国の民主化過程は，軍事独裁政権の「権威主義」とそれに対抗する民衆運動勢力の「民主主義」との間の単なる「逆転」ではなかった。民主化直後，結局，政権獲得に成功したのは，実質的な民主化を要求する急進的な民主化運動を排斥し，中産層の要求する手続き的民主化を受容した軍事政権内部の盧泰愚政府（88-92年）であったからである。その後の「保守大連合」から成立した金泳三政府（93-97年）も，「民間の政府」とはいえ，政権誕生時から抱えていた限界のため，旧勢力と完全に断絶することはできなかったし，また「実質的民主主義に対するプログラムやビジョンを欠いていた」（崔 1999: 220）。つまり，民主化以後，統治権力は変化したものの，統治ルールは持続されることになるが，そのような状況の下で，労働組合の団体行動権の制約，政治的活動の禁止などの労働規制がそのまま維持され，また以前と変わらぬ政府の弾圧によって，労働勢力は政治的アクターとして成長することはできなかった。

　第2に，市民運動勢力に対しても状況は変わらない。民主化以降，労働勢力は，政府の弾圧や支持基盤の弱体化ともに衰退していくが，手続き的民主主義の受容によって開かれた政治空間では，学生運動や労働運動の枠を超えた，中産層を中心とする市民社会運動が新たに出現した。一方では過激な民衆運動への懐疑から，他方では（国家）社会主義の崩壊という世界的な社会変動を反映しながら活性化したこの市民運動は，「古い社会運動」に取って代わる「新しい社会運動」として多くの大衆や知識人の支持を受けて急速に成長するようになる。しかしながら，金泳三政府は，このような市民運動勢力に対して「集団的」に自らを代表しうる政治的空間を提供せず，官僚的優越主義を強く保持していた（宋 1999: Chap. 1）。当時，これら市民団体を中心に，福祉予算確保運動やナショナル・ミニマム運動，医療保険統合運動などの福祉運動が徐々に始まったが，大きな成果をあげず，運動だけが空転する状況が続けられたのはそのためである。

　以上のように，1990年代半ばまで韓国においては「市場経済の安定装置としての福祉国家」，「民衆の政治的組織化の産物としての福祉国家」という

基準に照らしてみるかぎり,福祉国家の形成を示すような状況はなかった。李恵炅 (2006: 45) は,80年代後半までの時期に対して「権威主義的な発展国家の福祉政策は,先成長後分配の論理で一貫し,最善の福祉は経済成長であり,最善の社会的セーフティネットは家族であった」と述べているが,実は,90年代前半までの時期にも大きな変化はなかったといえる。これが,これまで韓国では開発独裁の成長優先政策によって福祉国家化が遅れてきたという意味での,「遅れてきた福祉国家」の「遅滞」の状況である。

ところで,この「遅滞」の状況の下で,1990年代後半に韓国が経験した,ある転換期的な出来事が,福祉国家の形成を促す重要な契機を提供することとなる。

経済危機と政権交代,そして福祉国家の形成

(a) 1990年代後半における二重の転換

1990年代後半,韓国では福祉国家の形成を促すような2つの出来事が起こった。1つは,経済危機とそれに続く新自由主義的構造調整であり,もう1つは,初めての与野党間の平和的政権交代による実質的民主化の進展である。前者は,福祉国家の諸制度が経済政策への従属という従前の特徴から離れて脱商品化機能とかかわりをもつ契機となり,後者は,諸制度の整備や拡充が「上から」のイニシアティブだけでなく,「下から」の福祉運動とかかわりを持つ契機となる。「遅れてきた福祉国家」の「遅滞」の状況の下で,90年代後半,この2つの転換期的状況が絡み合い,韓国では福祉国家の形成が開始することになる。その具体的な過程をみてみよう。

(b) 経済危機と社会保障制度の改革

1997年末に韓国を直撃した経済危機は,韓国の社会経済全般に大きな打撃を与えた。特に企業倒産や人員削減が失業者を急激に増大させ,それが貧困層の拡大の主な原因となったが,それとともに,労働市場の柔軟化を拡大させるために推進した整理解雇制や派遣勤労制(有期契約労働制)などの様々な規制撤廃政策が数多くの失業者を発生させ,韓国に類例のない大量失業や所得分配構造の悪化といった深刻な危機をもたらした。98年以前,20

万人程度であった失業者の数が178万人以上にも達し，失業率をも3％前後であったのが8.6％まで増加した。当然の結果として，貧困人口が大きく増加し，都市勤労者世帯のジニ指数も大きく悪化した（97年の0.28から99年の0.32）。さらにいえば，ホームレスの数が急増し，またそのなかで家族の解体や家族機能の弱体化がメディアを通じて報道され大きな社会問題となった。

このような社会全般の危機に対して，政府は積極的に対処しなければならない状況に置かれた。しかし前項でみたように，労働能力のある者が労働市場から転落したときの保護装置をもっていなかった従前の社会保障制度の仕組みは，以上のような状況に対処できるものではなかった。社会保険制度にも生活保護制度にもカバーされない多くの失業者や貧困者が一般化するなか，政府は，社会保障体系を変更せざるを得なかったのである。

もっとも早い時期から政府が取り組んだのは，従前の雇用保険制度の適用範囲の拡大であった。同制度は1995年に導入され経済危機直前まで30人以上の企業を対象にしていたが，それをかけ足で拡大していく。98年1月に10人以上の企業にまで拡大し，同年3月には5人以上の企業にまで拡大した。同年10月にはすべての企業に拡大するが，そこには正規職だけでなく臨時職・パートタイマーまで含まれた。こうして導入後わずか4年で（日雇い勤労者を除く）すべての勤労者をカバーするようになり，その過程で制度の適用範囲のみならず，受給条件にも大きな変化をもたらした[4]。

このように雇用保険制度が急速に拡大するにつれ，実際の受給者数や受給率も急上昇したが，しかし，その上昇した雇用保険の受給率はわずか10％前後にすぎず（労働部 2001），当然これだけでは当時の失業状況に対処することはできなかった。企業倒産や整理解雇がより進み，また企業側では経営合理化のために新規採用を抑制しており，それが雇用環境をより悪化させていたからである。このような状況を認識した政府は，「総合的失業対策」（1998年3月）を打ちだし，一方では，職業訓練や公共勤労事業などを通じて雇用機会の拡大を試み，他方では，時限的生活保護制度の導入や従来の生活保護

---

[4] 給付資格を持つための拠出金納入期間を12か月から6か月へと縮小し，給付期間は30 - 120日から60 - 150日までとなった。それとともに給付額の引き上げや特別給付の導入も行なわれた。

制度の臨時的拡充を行ない長期失業者や貧困者の救済に対処しようとした。これらの諸政策は，2000年まで行なわれていたが，そこに投入された経費は一般予算の10％を占める大きな規模であった。

　もちろん，以上のような「総合的失業対策」はあくまで臨時的かつ応急的な措置であって，それが直ちに社会保障制度の根本的な変化を意味するものではない。しかしながらその臨時的かつ応急的な措置の必要性が，従前の社会保障制度の脆弱性を浮き上がらせることになり，全般的な体制整備の要求が台頭した。莫大な資金の投入や数多くの応急措置の導入にもかかわらず，それらの措置の実効性が多く問われていたが，その時，もっとも重要な問題として登場したのが，いわゆる「死角地帯」の問題であった。すなわち，雇用保険制度は存在していたにもかかわらず，その受給条件を満たせない，あるいは受給期間が終了した人々が相当数存在し，しかも従来の生活保護制度の厳しい受給条件のためにその対象にもなれない場合が数多かったのが問題となったのである。そこで政府は上述の「総合的失業対策」を推進しながらも，「第1次社会保障長期発展計画」を発表し，社会保障制度の全体的な改革に着手することになる。

　この計画は1998年末に発表されたが，そこでは，年金，医療，雇用，産災保険からなる4大社会保険制度を「第1次セーフティネット」，公的扶助としての生活保護制度を「第2次セーフティネット」とし，両者の体系的整備によって，その「死角地帯」を解消することが重大な課題となっていた。まず，第1次セーフティネットの改革は，上述の雇用保険の拡大のみならず，医療保険や国民年金の改革をも含む大きな変化であった。国民年金の場合，99年1月に国民年金法を改正し，同年4月に都市自営業者に拡大適用することによって導入10年あまりで国民皆年金が実現された。医療保険の場合，98年10月に国民医療保険管理公団を設立して地域組合と公教組合を統合し，翌年10月には職域組合まで統合した。これによって，国民健康保険という1つの制度として単一化された。産災保険もまた2000年7月からすべての企業に適用された。以上の結果，2000年を基点として4大社会保険すべてが全国民あるいは全勤労者をカバーするようになった。次に，第2次セーフティネットの改革としては，2000年10月から国民基礎生活保障法が施行さ

れた。98‐99年に時限的生活保護や既存の生活保護制度の臨時的拡充を推進してきた政府が，99年9月にそれらの応急措置を含むかたちで国民基礎生活保障法を制定したが，これによって，危機の状況における応急措置のレベルを超えて，国家の義務としての，そして国民の権利としての最低生活の保障が実現された。以前の「労働能力の有無」という基準が，「ナショナル・ミニマム」という基準へと変わったことに大きな意味があるだろう。この第1・2次セーフティネットの改革によって，もはや国民は，社会的リスクに対して自らの状況に応じて，時には社会保険制度から，時には公的扶助から保護を受けることができるようになった。これまで別々に存在していた社会保険と公的扶助が連携され，社会保障制度は，普遍性をもつものとして整備されたのである。

以上のように経済危機後における福祉改革の過程で観察される，国民基礎生活保障法の制定による「権利性」の確保，第1次セーフティネットと第2次セーフティネットの連携による「体系性」の確立，そしてそれによる「普遍性」をもつ社会保障制度の整備は，以前とは異なり脱商品化の機能をもつようになったという意味で，韓国における福祉国家の形成を示すものであったといえる。

ただし，以下で見るように，韓国における以上のような社会保障制度の改革過程は，政権交代による政治空間の変化とも深く関わっている。

(c) 政権交代と福祉運動の活性化

1997年末の経済危機直後の金大中政府 (98‐02年) の登場をきっかけとして，これまでの「排除の政治」の状況は急変することになる。金大中政府は，自らを「国民の政府」と称したことからも窺えるように，長いあいだに抑圧・排除されてきた労働者や庶民のための政府を標榜し，従前とは異なる統治ルールを採用しながら実質的民主化の推進を試みた。特に，経済危機とそれに続く新自由主義的構造調整の過程が，大量失業者や貧困層の拡大をもたらすなか，下からの福祉拡大を要求する声が高くなり，それが政府の政策に多かれ少なかれ反映されるようになったが，これは，確かに以前の「排除の政治」とは異なる状況であった。そこで重要な政治的アクターとして登場し

たのが,「労使政委員会」の設立によって力を増した労働勢力と, 87年の民主化以降に登場してきた市民運動勢力である。

まず第1に, 金大中政府による労使政委員会の設立によって, 民主化以後にも弾圧され続けてきた労働勢力は合法的地位を獲得し[5], 韓国の政治空間において重要なアクターとして登場した。特に, 労使政委員会のなかに設置された「社会保障小委員会」と「雇用失業対策小委員会」では, 経済危機による大量失業の状況に対処するための労働側の政策的要求が議論され, 実際の福祉改革に反映されることとなった。

労使政委員会は98年初頭に設立され, 2002年末まで3期にわたる協議を行なった。委員会の運営過程やそこでの協議事項からみて最も重要だったのは, 経済危機直後 (98年1月‐2月) の第1期委員会である。第1期委員会では計90項目の社会協約が締結されたが, そのなかで単一主題として「社会保障」関連は7項目であり, 複数主題のうちに「雇用・失業」と「社会保障」関連が含まれている項目を合わせると33項目が, 当時の福祉改革と直接関わるものであった (労使政委員会 1998: 377-82)。その内容を簡単にみてみると, 社会保障に関しては, 社会福祉関連予算の拡充や4大社会保険の統合, 社会保険の運営過程における関係者代表の参加, 医療保険の一元化, 国民年金の自営業者拡大適用に関する問題などが議論され, そして雇用・失業に関しては, 雇用保険の拡充, 失業者に対する貸付事業や時限的保護措置の実施などが議論された。当時の社会保障制度改革の詳細についてはすでに触れているが, ここでみられるように, その多くは, 労使政委員会の協議事項に含まれているものであった。経営側や政府側が財政的問題に対して消極的であったとはいえ, 少なくとも第1期の委員会における福祉改革の課題は, 優先順位として上位にランクされ早速実行された。

第2に, 市民運動勢力を中心とする連帯活動も, この時期の福祉改革に大きな影響を与えた。何より, この時期もっとも核心的な問題であった生存権保障の問題において,「参与連帯」[6]という市民団体の多方面にわたる国民基

---

5) 労働法に限ってみると, 労働組合の政治活動に関する承認, 公務員及び教員の労組組織化の権利認定, そして失業者の労組結成及び加入権などが法的に認められることとなった。

礎生活保障法制定運動の貢献は非常に大きい (cf. ムン 2000)。1994 年の設立当初から,「ナショナル・ミニマム運動」を推進してきた参与連帯は,「生計保護基準違憲確認事件」など公的扶助とかかわる諸公益訴訟運動の中心にあったし, 生活保護法改正運動においても諸関連団体のネットワークを推進しながら活発な活動を行なってきた。特に, 経済危機によって低所得層が大きな打撃を受けるなか, 国民基礎生活保障法制定のために 64 の市民団体が参加する「連帯会議」(正式名称:国民基礎生活保障法制定推進連帯会議) を結成し, そのなかで労働団体 (特に民主労総) とも政策的また運動的連携を試みながら, 国民基礎生活保障法制定請願運動を進めてきた。98 年の労使政委員会の設立後には, 委員会のなかにも法制定の問題をイシュー化し, また野党や与党への積極的な働きかけを通じて, 当時, 応急的対応に止まっていた政府に, 普遍的な制度としての国民基礎生活保障法の法制化を要求した。99 年に制定された同法は, この「連帯会議」が提示した立法請願法案の骨格がほとんど変わらぬかたちで反映された (ムン 2000:28)。また国民基礎生活保障法制定以外にも, 医療保険の改革においては, 94 年に結成された「医保連帯会議」(正式名称:医療保険統合一元化及び保険適用拡大のための汎国民連帯会議) の役割が大きかったし, 国民年金の改革においても, 参与連帯などの市民団体と民主労総の持続的な運動が大きな成果を挙げた (cf. 金淵明 1999)。

当時の福祉改革において, 労働勢力や市民運動勢力が及ぼした影響の大きさを正確に判断することは容易ではない。しかしここで強調したいのは, 1990 年代後半の政権交代をきっかけとして, 政策決定過程における政府, 資本, 労働, または市民社会のあいだの政治的地形が大きく変わったことである。これまでの開発独裁の下でみられた上からの一方的な政策決定という「排除の政治」が終焉し, 労働勢力や市民運動勢力の組織的な福祉運動が一定の発言力をもつことになり, それらの要求が福祉改革に反映されるようになったのである。

以上でみてきたように,「遅れてきた福祉国家」の「遅滞」の状況の下で,

---

6)「参与連帯」は, 韓国ではもっとも活発に社会運動を行なっている市民団体の 1 つである。

90年代後半に経済危機と政権交代という2つの転換期的状況が絡み合い、韓国では「市場経済の安定装置としての福祉国家」、「民衆の政治的組織化の産物としての福祉国家」という、先発国において福祉国家の形成を促したのと共通の条件を備えながら、福祉国家の形成を開始することになった。同一時点または同一期間を基準として横断的な視点を取れば、グローバル資本主義のなかで福祉国家の縮小が言われている今日の状況で、積極的な福祉国家化を推進した韓国の経験は、例外的ケースと認識されうる。しかし発展段階を統制して観察すれば、「遅れてきた福祉国家」の「遅滞」の状況で韓国は、かつて先発国において福祉国家の形成を促したのと類似の歴史的過程、言い換えれば、「市場の拡大過程と、市場からの保護を求める対抗運動の過程という二重の歴史過程」(Therborn 1987: 240) のなかで福祉国家を形成したといえる。

「遅れてきた福祉国家」の局面 II =「後発」の構造
(a)「後発」という制約

1990年代後半に韓国は、経済危機と政権交代という2つの転換期的状況のなかで、「市場経済の安定装置としての福祉国家」そして「民衆の政治的組織化の産物としての福祉国家」の共通の条件を備えつつ福祉国家の形成を開始した。しかしながら、そういった条件が、90年代後半というグローバル化時代、また脱冷戦時代のなかで形成したことは、それを取り巻く韓国の歴史的現実が西欧のそれとは異なる状況に置かれていることを意味する。言い換えれば、西欧が戦後の体制対立のなかで「埋め込まれた自由主義」を実現しながら、高度経済成長の成果として「福祉国家の黄金時代」を迎えた経験とは異なり、福祉国家の抑制や再編が言われる時代に福祉国家を形成しつつある韓国では、様々な経済的・政治的制約のため、福祉国家の持続的・長期的発展が困難になっていることである。これが、韓国がポスト冷戦期のグローバル資本主義という時代のなかで福祉国家化に乗り出しているという意味で、「遅れてきた福祉国家」の「後発」の状況であるが、実際の政策的状況のなかからは、その「後発」の状況に起因する福祉国家抑制の兆候を発見することができる。

表1 項目別の社会支出推移（1992－2001年）

（単位：10億ウォン，％）

	1992	1994	1996	1997	1998	1999	2001	年平均増加率 91-01	年平均増加率 97-99
1 老齢	2,028	3,317	4,651	5,459	8,932	13,008	6,719	21.1	42.2
2 遺族	438	548	679	773	831	855	1,122	13.5	8.1
3 無能力関連給付	1,178	1,495	2,049	2,443	2,504	2,432	3,320	15.6	7.1
4 保健	3,906	5,061	8,044	9,331	10,566	11,524	17,874	17.4	12.7
5 家族	111	185	339	515	459	516	876	28.8	17.8
6 積極的労働市場政策	179	196	330	567	2,160	3,307	1,646	49.7	135.5
7 失業	2,605	3,985	5,463	9,436	21,930	13,968	13,838	27.0	56.3
・失業補償	–	–	10	79	799	936	845		
・退職金	2,605	3,985	5,453	9,358	21,131	13,032	12,993	26.1	52.2
8 住居	–	–	–	–	–	–	–		
9 その他	328	363	586	745	888	1,469	2,600	22.1	37.2
合計	10,775	15,149	22,142	29,270	48,269	47,179	47,995	19.4	31.6
対GDP比	4.39	4.68	5.29	6.46	10.86	9.77	8.70		

注：(1) 地方自治団体の自体財政（固有事業）による地方費は除く。
(2) ①無能力関連給付：障害，産業災害および疾病関連給付。②失業補償：雇用保険の失業給付。③退職金：各企業の法定退職金。④その他：公的扶助事業のなか現金給付を含む。
出所：コほか（2003）から再構成。

(b) グローバル化時代における福祉再編の圧力

第1に，1990年代後半に見られた社会支出の急激な増加は過大評価することができない（表1参照）。経済危機を前後として支出額は，22兆1420億ウォン（96年）から，47兆1790億ウォン（99年）まで2倍以上増加し，またその増加率も（97-99年：31.6％），この十年間の増加率（91-01年：19.4％）をはるかに上回っている。しかしながら，その内訳をみると，当時の支出増加は，制度化された増加というより一時的な性格が強い。すなわち，その時期に著しい増加率を見せているのは，老齢現金給付（42.2％），積極的労働市場

プログラム (135.5%), 失業給付 (56.3%), 法定退職金 (52.2%), その他の給付 (37.2%) である。これは, 97年以後, 退職した公務員および私立学校教職員の退職一時金や, 経済危機以後に急増した臨時的な失業対策費や生活保護費 (その他の給付) など, 一時的な費用増大が全体的な社会支出の増加を牽引したことを意味する。実際, 99年以後の経済回復や失業減少に伴い, それらの項目の支出は減少している。

　もちろん当時の福祉改革のなかには, 社会支出の直近の量的変化には必ずしも反映されないが, 長期的には重要な意味をもつ質的な変化が多数含まれている (武川 2005 b: 285)。たとえば, 国民皆年金の実施はただちに社会支出の増大を招くことはないが, 制度成熟によって他の先進諸国と同様, 社会支出の増加に大きな影響を与えてくるだろうし, また医療や雇用保険など普遍的な社会保障制度の構築がこれからの支出増加にもたらす影響は容易に予想される。

　しかしながら第2に, 当時の福祉改革過程にみられた政府の財政負担の回避傾向は, そういった自然増加を抑制するものであった。年金の場合, まだ本格的な給付が実施されていないにもかかわらず (2008年に本格開始), 基金の枯渇が問題視され, 1998年の改革で所得代替率を10％ポイント引き下げたし (70％→60％), その後, 2000年代に入り, それをさらに引き下げる改革が行なわれている (60％→50％)。医療改革の場合, 給付の下方硬直化が問題視されつづけてきたものの, 実際には拡大政策が採用されなかった。国民基礎生活保障法の場合, 確かに以前の生活保護法における労働能力の有無といった規定が緩和された側面があるが, 他方で, 実際の施行段階において, 予算確保の問題が顕在化し対象者の選定基準をより厳しくした側面もあり, 給付の条件として勤労や職業訓練を強調する, いわばワークフェア的要素が導入された。この問題は, 後に言及する政治的問題と深くかかわっているが, 結局, 当時の改革過程では, 普遍主義的な制度改革を行ないながらも, 今後の経済成長に関して肯定的な予測が難しい状況で, また現に財政問題に悩んでいる先進諸国の状況を参考にしながら, 多方面において支出増加を抑制しようとする政府内での働きがあったといえる。

　第3に, より重要なことは, 経済危機を契機として整備された社会保障体

表2 社会保険の人口適用率の変化（1996-2001年）

（単位：万人，%）

		1997年	1998年	1999年	2000年	2001年
公的年金	適用者数	869	789	1,062	1,172	1,130
	適用率	41.2	39.5	52.4	55.6	52.9
医療保険	適用者数	4,493	4,447	4,518	4,590	4,637
	適用率	95.8	94.3	95.0	95.7	96.0
雇用保険	適用者数	430	527	605	675	691
	適用率	32.5	43.2	48.3	51.2	51.8
産災保険	適用者数	824	760	744	949	1,058
	適用率	62.3	62.3	59.4	67.4	79.3

注：公的年金の適用者数は，実際に保険料を納入している人々の数。
出所：保健福祉部・賢都社会福祉大学編（2003：104）から再構成。

系が，産業構造や労働市場の変化とともに，その直後から見直しの対象になっていることである。1990年代後半の福祉改革によって4大社会保険制度が，全国民あるいはすべての勤労者に拡大し，その結果，適用者数も適用率も増加している（表2参照）。しかし問題は，このような制度拡充にもかかわらず，未加入者が多く存在することである。主に臨時，パート，契約職などの非正規勤労者と5人未満の企業の勤労者や零細自営業者などであるが，これは，制度設計そのものの問題というよりそれらの階層を拡大させている構造的な問題に起因する側面が多い。すなわち経済危機を前後とした産業構造や労働市場の状況をみてみると，零細企業や零細自営業者，あるいは非正規職の勤労者が著しく急増しており，そのなかで「労働力の（大企業の）製造業から（中小零細企業の）サービス産業へのシフト」といった変化が顕著に現れている（服部 2003）。これは，経済危機の際にIMFが課したコンディショナリティーの1つであった「労働改革」の結実であり，他方で，そのために政府が推進した新自由主義的構造調整——特に派遣勤労制や整理解雇制——がもたらした結果でもある。こういった雇用構造の変化が，社会保険における適用例外者を生み出し，保険料を納入できない（しない）人々を量産させている。またそのなかで制度運営のための政府の財政収入が不安定にな

っていることも事実である。韓国が直面しているこのような状況は，製造業の大企業正規労働者の存在に支えられつつ福祉国家の拡大を図った西欧諸国の歴史的経験とは異なっているといえる。

(c) 脱冷戦時代における福祉政治の「脱階級化」と合意形成の困難

さらにいえば，以上のように福祉国家の持続的拡大に制約をかけている要因は，政治的状況のなかにも見られる。まず何より，1987年の民主化以後にも続く政府の労働弾圧によって，労働勢力の政治的組織化が失敗しただけでなく，組織労働そのものも弱体化してきた点が挙げられる。89年に19.8％として頂点に達していた労働組合組織率は，93年に15.6％，98年に12.6％，2003年に11.0％，そして2004年には10.6％へと，毎年下がっている。2003年度現在，台湾38.4％，日本20.2％，イギリス29.0％，ドイツ22.3％，オーストラリア23.1％など，他のOECD加盟国で20％を上回っていることに比べれば，韓国では組織労働そのものが非常に弱いことを示している。80年代後半の民主化以後，政府は，保守的マスコミを利用し労働運動の活性化による韓国政治・経済の総体的な危機を強調しつつ，一方では国民の保守化を試み，他方では労働者階級を脱動員化・脱政治化しようとしたが，それが，南北分断という国内的状況と冷戦時代の終焉という国外的状況が絡み合い，ある意味で非常に成功した。

このような傾向のなかにあって，韓国で初めてのコーポラティズムの実験とも言える労使政委員会の設立は，労働勢力にとって社会改革の中心勢力の地位を獲得しうる大きな可能性を持つものであった。前項で検討したように，経済危機による大量失業の状況で失業対策を含む社会保障制度の改革が重要な事案となり，そこにおける労使勢力の役割も少なくなかった。しかしながら，それは，第1期委員会の初期だけであって，その後の委員会は，大きな成果を挙げず難航を重ねていった。第1期の合意事項の締結後，民主労総が整理解雇の法制化を不服とすることによって委員会は解散し，第2次委員会（1998年6月‒99年5月）の初期には，民主労総と韓国労総が脱退宣言したため機能停止となった。その後，民主労働が再び参加し第2期委員会が再開するが，福祉改革との関連でみれば，持続的な政策代案を提示することはできな

かった。なぜなら，労働勢力の反対にも関わらず，政府が推進した労働市場の柔軟化や規制緩和などの構造調整の結果，労働勢力の全般的な弱体化がより進み，労使政委員会での議論の範囲も，雇用安定と労使関係の改善に狭められたからである。

　このような状況で，労働勢力にとっては，労使政委員会という制度的装置よりは，以前から連携を図りつづけてきた市民団体とのネットワークがより確固たる基盤となっていた。当時の福祉改革過程に限ってみると，労働政党の不在や組織労働の弱体化といった状況のなかで，労使政委員会は，市民団体の運動的課題を持ち出す1つの窓口としての性格が強かったと言った方がより正確である。たとえば，社会保障制度に関わる労使政委員会での合意事項であった医療保険の統合・一元化，全国民年金の実現などの重要な成果は，1990年代に入って市民運動側で議論され政府に働きかけてきたものである。特に，94年に参与連帯の「社会福祉委員会」の発足によって，それまでの個別的に行なわれた社会福祉関連の市民運動が，ネットワーク化したかたちで組織化していくが，95年の民主労総の結成後，市民運動側と労働運動側が本格的に連携するようになった。そして，98年の労使政委員会の設立とそこへの民主労総の参加は，様々な運動経路を探ってきた市民運動勢力にとって，重要な戦略的手段の1つになったのである。民主化以後にも保守的支配勢力の下で，不安定な状況にありつづけてきた組織労働とは反対に，大衆的支持に支えられながら政治勢力化に成功した市民団体は，他の運動組織や専門家集団（例えば社会福祉研究者）とのネットワーク構築にとってより有利な立場にあったため，そういった市民団体を中心とするネットワークが福祉国家推進の中核的役割を果たすことになったといえる。韓国の福祉国家形成過程において労働勢力が排除されたわけではないが，このように市民運動勢力を中心とした福祉改革の過程は，組織労働の集団的社会主義の産物として登場した西欧福祉国家の経験とは確かに異なるものである。

　このような当時の福祉改革の過程に見られる政治的特徴に対して，シン・グァンヨン（申光榮）(2003: 11) は，階級政治の性格が弱い点に着目しながら「福祉政治の脱階級化」と呼んでいる。しかし，ここで重要なことは，そもそも非階級的な側面を有している市民勢力の志向性が確固不動なものとは

考えにくく，またそのなかには，多様な利害関係が存在しうる。実際，福祉改革をめぐって社会諸勢力のあいだでは，様々な利害関係が出現しそれらの葛藤のなかで，福祉国家の拡大という合意形成に歯止めがかけられている状況が発見できる。

　その状況を簡単にみてみると，たとえば，医療保険の統合の場合，利害関係にもとづく組織的な葛藤が生まれた。一方では，労働者の負担増加を理由にして統合に反対する側として，韓国労総，韓国教職員団体総連盟，野党の連合が形成され，これに対して，統合を支持する民主労総，参与連帯，全国農民会総連盟，健康連帯などの連帯が形成され，両者のあいだに激しい葛藤や対立が見られた。年金改革の場合にも同様の状況が見られた。保健福祉部と国民年金管理公団は，全国民年金の実施を積極的に支持し，民主労総や参与連帯，女性運動連合，環境運動連合などの市民団体は，都市自営業者の所得把握という問題を指摘しながら，条件付きの支持の立場に立っていた。他方で，韓国労総や財界は反対の立場であったが，そのなかでは，医療保険や国民年金の統合を社会主義的制度であると批判し社会保険の民営化を主張する人々もいた。既述したように，国民基礎生活保障法の施行に当たっては，参与連帯を中心とする市民団体と政府の経済関連部処（たとえば，予算企画処），そして保健福祉部のあいだで，予算確保の問題や労働インセンティブの問題，そしてそれにともなう給付条件・給付水準などをめぐる激しい葛藤が生じた。

　1990年代後半の経済危機にともなう大量失業や貧困層の拡大の状況で，その対処のための福祉政策の拡大が優先的な課題になったことは確かである。しかし，2000年代以降における「福祉見直し」の状況をみると，多様な利害関係が登場し，政党，労働勢力，市民団体などの間で合意形成が困難になっている状況がより明確なかたちで現われている。とくに，2003年のいわば「年金ショック」[7]をきっかけとして緊急な改革課題となった年金改革が現在も右往左往していることや，同年の医療保険統合法改正過程の紆余曲折[8]にそれが典型的にみられる。またそのなかでは，90年代後半の福祉拡大の核心的なアクターであった市民運動勢力の全体的な保守化傾向さえみられている。このような状況は，韓国が，戦後の西欧で福祉国家について広範

な社会的合意が得られたのとは異なる状況に置かれていることを意味するに他ならない。

以上で検討してきた「遅れてきた福祉国家」の「後発」の状況を踏まえるならば，そこにおける「後発」の内実は，「グローバル化との同時性」，「脱階級化との同時性」ということができる。前者が，戦後の経済成長を背景として西欧諸国で見られた「福祉国家の黄金時代」の経験を困難にさせているとすれば，後者は，それを支えていた「埋め込まれた自由主義」の経験を困難にさせているといえる。ポスト冷戦期のグローバル資本主義という環境のなかで福祉国家化を進めている韓国は，この2つのベクトルの錯綜のなかで福祉国家を形成しながらもその長期的・持続的拡大の困難に直面しているのである。

4　東アジア福祉国家研究の課題

「後発型」という考え方

以上，1990年代後半を前後とした韓国の福祉国家形成の経験を「遅れてきた福祉国家」という枠組みのなかで捉えてきた。要約すると，次のようにまとめられる。すなわち韓国は，「遅れてきた福祉国家」の局面Ⅰ＝「遅滞」の状況の下で経験した経済危機と政権交代の転換期的状況をきっかけとして

---

7) 2003年の「年金ショック」のもっとも主な原因は，今現在の保険料率（9％）と所得代替率（60％）を前提とすると，30‐40年後には年金基金が枯渇することであった。この問題に対して「基金枯渇＝年金支給中止」という等式が成立され，保守的ジャーナリズムや市民団体の間で大騒ぎになっていた。この「年金ショック」は，誇張されたり誤解された側面もあるが，韓国で年金改革を政治的問題に引っ張り出すきっかけとなった。しかし07年の上半期まで，与党や野党，そして保健福祉部や各種市民団体などがさまざまな改革案を出すだけで，決着できず論争ばかり繰り返される状況が続いてきた。07年7月に政治的妥協の産物として，給付水準の引き下げ（60％→50％）と基礎年金の導入を骨子とする年金改革案が国会を通過した。

8) その核心問題は，財政統合の延期に関するものであった。2000年に地域と職域加入者を統合管理する健康保険統合が実現したが，財政統合については，地域加入者の所得把握の問題のため03年6月まで延期された。03年7月に財政統合を達成したが，当時，財政統合の再延期（2年）をめぐって国会では激しい葛藤が見られた。

積極的な福祉国家化を推進するようになったが,それと同時に,「遅れてきた福祉国家」の局面II＝「後発」の状況の下で,福祉国家抑制の圧力にさらされ諸制度の再編が求められている。以上の議論を踏まえるならば,1990年代後半以降韓国では,「遅れてきた福祉国家」の2つの局面が結合し,西欧諸国が半世紀以上かけて経験してきた福祉国家の形成と再編を同時に経験しているといえる。そしてその形成期の特徴と再編期の特徴が同時に働きつつ韓国の福祉国家のあり方を方向づけているのである。

　政策理念として,1990年代後半以降に韓国政府が打ち出した「生産的福祉」や「社会的投資国家」という福祉改革の戦略をみると,確かにそういった状況が反映されている。それらの戦略は,普遍主義を標榜する伝統的な福祉国家モデルではなく,グローバル資本主義に対応するための福祉国家再編を追求するという意味で,イギリスの「第3の道」に近いものと言われる。しかし,両者の違いは明らかである。すなわち,「第3の道」が,「福祉国家の黄金時代」を経験した後の先発国が,低成長時代への突入,サービス産業の拡大,労働市場の柔軟化など経済のグローバル化による資本主義経済の全般的な変化のなかで,福祉国家再編の戦略として打ち出したものであれば,後発国である韓国はそれを福祉国家形成の戦略として用いていることである。要するに,遅れて福祉国家化に乗り出した韓国は,「福祉国家の黄金時代」をスキップしなければならず,そこで先発国における福祉国家形成と再編の戦略を同時に用いながら新しい福祉国家化の経路を作り上げているといえるのである。

　もちろん,形成途上にある韓国の福祉国家の特徴を,今現在の時点で明確に規定することは難しい。後発福祉国家を比較分析するに当たって,「段階」に起因する違いが「類型」に起因する違いかといった懐疑的問題提起から完全に免れるためにも,少し時間が必要であろう。ただし,本章の議論は,先発福祉国家とは異なる韓国の経験の「経路」の問題を明らかにしたものであり,それが「類型」の相違として現れてくる可能性が高いことを指摘しておきたい。再度強調すると,後発国である韓国の福祉国家化は,キャッチアップすべき,ある一種のモデルに近づいていく過程ではなく,自国の状況により適合した新しい福祉国家化のパターンを作り上げる過程であるといえる。

先発国の経験に照らしてみた場合,「遅れてきた福祉国家」の経験に起因する,この変種ともいうべき福祉国家化のパターンを,ここで「後発型」と特徴づけておきたい。

今後の課題

以上のような「後発型」のもつ特徴を念頭において実際の政策的状況に戻ると,1で検討した東アジア福祉国家研究の分析がより豊富な意味を携えて現実にせまってくるのではないか。とくに生産主義福祉資本主義論や開発主義福祉国家論から説明される東アジアの「未発達」やその原因については,後発国であるがゆえに,「福祉国家の黄金時代」をスキップせざるを得ない政策的現実から説明することができる。また福祉レジーム論争から見出される混合型という特徴は,伝統的な福祉国家モデルを追及しながらも,その再編の圧力にさらされている後発国の現実を適切に反映しているものといえる。本章では,「遅れてきた福祉国家」という時間軸の視点から韓国の経験の分析を通じてそこに,後発福祉国家の位置づけにしばしばつきまとう「座りの悪さ」の主たる原因をみた。本章の議論を踏まえれば,今日の東アジア福祉国家研究から浮き彫りになる「座りの悪さ」については,「後発型」という位置づけから説明するほかないと考えられる。

たしかに,本章で扱った韓国における「遅れてきた福祉国家」の経験は,韓国だけに限らず日本をはじめとする東アジアの国々にある程度共通するものとみることができる。例えば,日本の場合,戦後に福祉国家化をスタートし1970年代にはそれまでの高度成長を背景として福祉国家を拡大しようとしたが,それとほぼ同じ時期に,組織された労働運動は後退し,またオイル・ショック後の国内外的情勢に合わせつつ「福祉国家の危機」にも対応しなければならなかった。このことは,西欧諸国に比べて遅れて福祉国家化に乗り出した日本が,戦後に「福祉国家の黄金時代」を経験した西欧諸国とは異なる道を歩んできたことを物語っている。周知のように,そういった経験が「日本型福祉社会」というイデオロギーとして現われたわけだが,それは,西欧の伝統的な福祉国家についてのネガティブな意味合いを含んでいる点で,韓国の福祉国家化過程に見られた「生産的福祉」あるいは「社会投資戦略」

といった政策方向性とイデオロギー的に同種の対応戦略として捉えることができる。さらに台湾が1990年代後半に「新中道路線」を追求したのも同様の文脈から理解できよう。また中国の場合，2000年以降，市場経済の拡散や少子高齢化の進展などによって政府の福祉政策分野への積極的な取り組みが始まっているが，そこでモデルになっているのは普遍主義を標榜する福祉国家モデルではない。「福祉の社会化」や「社区福祉」（地域福祉）という戦略は中国の福祉国家化の道が，先発国が歩んできたものとは異なるものになっていくことを示唆しているのである[9]。本章では，主に韓国における「遅れてきた福祉国家」の経験を分析したが，今後，他の東アジアの国々の経験を比較分析しその類似と相違を明らかにすることによって，本章の考え方の妥当性や正当性を確保することができると思われる。これを，今後の東アジア福祉国家研究の課題として指摘し，ここでひとまず論を閉じることにしたい。

■参考文献

保健福祉部・賢都社会福祉大学 2003『福祉と経済の好循環関係に関する研究』保健福祉部・賢都社会福祉大学。

Castles F. and Mckinlay R. D. 1979 a "Does Politics Matter?: An Anaysis of the Public Welfare Commitment in Advanced Democratic States," *European Journal of Political Research,* 7: 169-86.

崔章集 1999 中村福治訳『韓国現代政治の条件』法政大学出版局。

鄭武權 2006「韓国の開発主義国家レジーム」社会政策学会編『東アジアにおける社会政策学の展開』法律文化社，113-36。

Cutwright P. 1965 "Political Structure, Economic Developing, and National Social Security Programs," *American Journal of Sociology,* 70: 537-50.

Esping-Andersen G. 1990 *The Three World of Welfare Capitalism,* Cambridge Polity.

Flora P. and Heidenheimer A. J. ed. 1981 *The Development of Welfare State in Europe and America,* Transation Books.

---

9) もちろん，このような共通的な特徴が，1つの東アジア・モデルの存在を示しているものとはいえない。むしろそれについての詳細な実証研究が今後の課題である。なお，本章の視点からの日韓比較については，金成垣（2008）の第6章を参照されたい。

服部民夫 2003「経済危機を前後する韓国の労働市場」『えーじぇっく・れぽーと』33: 12-27。

Holliday I. and Wilding P. ed. 2003 *Welfare Capitalism in East Asia: Social Policy in the Tiger Economies*, Palgrave Macmillan.

イ・ヘギョン（李恵炅）2006「現代韓国社会福祉制度の展開」武川正吾／イ・ヘギョン編『福祉レジームの日韓比較』東京大学出版会，41-70。

上村泰裕 2006「東アジアの福祉レジーム」『思想』983: 185-202。

金成垣 2008『後発福祉国家論――比較のなかの韓国と東アジア』東京大学出版会。

キム・ヨンミョン（金淵明）1999「年金・医療保険の変化」『月刊福祉動向』（1999年3月）。

キム・ヨンミョン（金淵明）2005「韓国の福祉政治」武川正吾／キム・ヨンミョン編『韓国の福祉国家・日本の福祉国家』東信堂，128-56。

キム・ヨンミョン（金淵明）編 2002『韓国福祉国家性格論争』人間と福祉。

キム・テソン（金泰星）／ソン・ギョンリュン（成炅隆）1994『福祉国家論』ナナム出版。

コ・ギョンファン（高景煥）ほか 2003『韓国の社会福祉支出の推計1990－2001』韓国保健社会研究院。

Korpi W. 1983 *The Democratic Class Struggle*, Routledge & Kegan Paul.

Kwon H-J. ed. 2005 *Transforming the Developmental Welfare State in East Asia*, Palgrave Macmillan.

三重野卓・平岡公一編 2000『福祉政策の理論と実践』東信堂。

ムン・ジンヨン（文振榮）2000「国民基礎生活保障法の制定の歴史的意義」韓国社会福祉研究院編『韓国社会福祉年鑑』裕豊出版社，17-41。

労働部 2001『失業対策白書：1998～2000』労働部。

労使政委員会 1998『労使政委員会活動現況』労使政委員会。

Pierson C. 1991 *Beyond the Welfare State?: The New Political Economy of Welfare*, Polity Press（田中浩・神谷直樹訳 1996『曲がり角にきた福祉国家――福祉の新政治経済学』未来社）．

Polanyi K. 1957 *The Great Transformation*, Baecon Press.

Schmidt M. G. 1983 "The Welfare State and The Economy in Periods of Economic Crisis," *European Journal of Political Research*, 11: 1-26.

シン・グァンヨン（申光榮）2003「福祉政治の変化と韓国の福祉改革」『社会福祉と労働』6: 9-26。

ソン・ホグン（宋虎根）1999『政治なき政治時代：韓国の民主化と利害衝突』ナナム出版。

武川正吾 2005 a「日本の福祉国家レジーム」武川正吾／キム・ヨンミョン編『韓国の福祉国家, 日本の福祉国家』東信堂, 108-27。

武川正吾 2005 b「韓国の福祉国家形成と福祉国家の国際比較」武川正吾／キム・ヨンミョン編『韓国の福祉国家・日本の福祉国家』東信堂, 284-300。

Therborn G. 1987 "Welfare State and Capitalist Market" *Acta Sociolocgica*, 30(3/4): 237-54.

埋橋孝文 1997『現代福祉国家の国際比較』日本評論社。

Wilensky H. L. 1975 *The Welfare State and Equality: Structure and Ideological Root of Public Expenditure*, University of California Press.

第3章　日本の社会保障制度の現状と課題

齋藤立滋

1　はじめに

現在，日本の社会保障制度は再構築をせまられている。

すなわち，多産少死・核家族モデルを前提とした社会保険中心主義の見直しである。日本国憲法第25条は生存権の保障を規定している。しかし，国及び地方自治体は，社会保険への未加入，社会保険料の未払いを理由として，給付を必要とする人々に給付を行なわないなど保障を怠る事例が多くなってきている。

一方で，高齢化などにともなう社会保障関係費の増加が，国の財政赤字を拡大させるとして，国は社会保障関係費の圧縮をはかろうと，税による社会保障給付を削減している。税による社会保障給付の削減は，生存権の保障を脅かすので許されることではない。

本章の目的は，日本の社会保障制度における社会保険中心主義の限界と税による社会保障給付の削減の現状を解説し，日本の社会保障制度の今後の課題を挙げることである。

まず，はじめに，日本の社会保障制度全体の現状について明らかにする。国際比較を通じて日本の特徴について指摘したあと，現状の問題点について明らかにする。次に，日本の社会保障制度の個別の現状について明らかにす

る。具体的には，年金，医療，介護についてみていく。最後に，政府改革案と研究者による改革案を比較しつつ，日本の社会保障制度の再構築について筆者の見解を述べる。

2 日本の社会保障の現状

　日本の社会保障の特徴についてみる。広井（2006）[1]などですでに指摘されているように，「規模」「内容」「財源」の3点から整理しておく。
　第1に，「規模」である。OECD基準による日本の社会支出は，2005年度で96兆1991億円である。政策分野別にみると，「高齢」がもっとも多く45兆1194億円（46.9％），次いで「保健」31兆7950億円（33.1％），遺族6兆4817億円（6.7％）の順になっている[2]。表1は，政策分野別社会支出の対GDP比（2005年）をあらわしたものである[3]。日本は合計で19.09％であり，先進諸国と比較して低い水準にある。
　第2に，「内容」である。社会保障給付全体に占める「年金（高齢）」の比重は，先進諸国のなかでもっとも大きい。逆に，「子ども（家族）」関連給付と「失業（ないし雇用）」関連給付の比重が小さい。
　第3に，「財源」である。社会保険制度に相当額の税が投入（基礎年金の3分の1，介護保険の2分の1が税）され，税と保険が渾然一体となっている。このことが，社会保険の負担と給付の区分を不明確にし，世代間格差を生む原因となっている。すなわち，現在，給付を受けている世代（主に高齢世代）が多くの給付を受け，負担する世代（主に若年世代）が多くの負担を強いられている。
　次に，日本の社会保障制度全体としての問題点を挙げる。
　第1に，社会保険が機能不全に陥っている。①財政方式が賦課方式であるため，少子高齢化が進展するなかで，保険料収入が減少し給付額が増加した。②社会保険は，加入者（労働者）が原則として正社員として雇用され，所得

---

1) 広井（2006）52頁。
2) 国立社会保障・人口問題研究所（2008）ウェブサイト，OECD（2008）より引用。
3) 国立社会保障・人口問題研究所（2008）ウェブサイト，OECD（2008）より引用。

表1 政策分野別社会支出の対GDP比の国際比較（2005年）

	高齢	遺族	障害，業務災害，傷病	保健	家族
日本	8.96	1.29	0.88	6.31	0.81
アメリカ	5.30	0.76	1.47	7.17	0.64
イギリス	6.63	0.20	2.42	7.06	3.05
ドイツ	11.22	0.38	2.93	7.66	2.06
フランス	10.96	1.87	1.98	7.76	3.06
スウェーデン	9.59	0.62	6.02	6.77	3.49

（単位：％）

	積極的労働政策	失業	住宅	生活保護その他	合計
日本	0.25	0.33	－	0.26	19.09
アメリカ	0.12	0.30	－	0.57	16.33
イギリス	0.53	0.51	1.45	0.19	22.03
ドイツ	0.97	1.65	0.07	0.21	27.14
フランス	0.89	1.70	0.81	0.36	29.40
スウェーデン	1.29	1.20	0.54	0.60	30.12

出所：OECD Social Expenditure database 2008。国立社会保障・人口問題研究所ウェブサイト。

を得て保険料を納めることが前提となっている。ところが，1990年代後半以降，「雇用形態の多様化」のもとに，企業側は正規雇用比率を低下させ，労使折半の保険料負担を避けてきた。保険料を払いたくても払えない（賃金の低下），加入そのものができない（社会保険の適用が受けられない）労働者が増加した。

　第2に，税による社会保障給費の削減である。政府は，高齢化の進展によって，一般会計予算の社会保障関係費が増加することを懸念している。そこで，政府は「なぜ社会保障関係費が増加しているのか」という要因の詳細な分析はまったくせずに，場当たり的に費用削減を行なおうとしている[4]。このことが，地方における生活保護行政の後退，障害者福祉の後退など，社会

的弱者を増加させている。

　第3に，第1と第2の問題点が重なることにより，今までにみられなかった5重の社会的排除が同時に発生している。すなわち，ある人が，①社会保険からの排除（保険料未払い，雇用先会社の未加入），②公的扶助（生活保護）からの排除（申請資格の厳格化），③企業福祉からの排除（正社員でないことにより福利厚生が受けられない），④家族福祉からの排除（単身者世帯の増加，パラサイトシングルの増加），⑤自分からの排除（将来への希望喪失）[5]を同時に受けている。社会的排除を受ける人が増加することにより，社会不安を高め，新たな社会保障政策を行なう必要が生じることになる。

3　個別の現状

年　　金

　公的年金制度は，どの時代においても，給付対象者に対して，持続可能性と中立性が担保されていなければならない。持続可能性とは，どのような経済社会構造の変化にも対応し，制度が続く安心感を給付対象者に与えることである。中立性とは，性別・職種・ライフスタイルに関わりなく，給付対象者が給付内容・方法に関して差別されないことである。

　日本の公的年金制度は，基本的に賦課方式を基本としている。少子高齢化が進展する場合，賦課方式のもとで制度改正は次の4つの方法のいずれかしかない。①保険料率の引き上げ，②年金給付額の削減，③年金受給者の絞り込み，④被保険者の範囲の拡大，である。2000年，2004年に行なわれた制度改正は，①保険料率の引き上げ，②年金給付額の削減，③年金受給者の絞り込み，であった[6]。

　賦課方式を前提とする限り，今後の公的年金制度改革は成功しない。政府

---

4)　経済財政諮問会議『平成20年度予算の全体像』（2007年8月7日とりまとめ）
　　http://www.keizai-shimon.go.jp/minutes/2007/0807/item 1.pdf
　　2007年度から，国の一般会計ベースで毎年2200億円（国・地方を合わせて3200億円程度）の抑制を行なう，としている（2007〜11年度の5年間で1兆1000億円）。
5)　平舘英明（2007）13頁。NPO法人自立生活サポートセンター「もやい」湯浅誠事務局長の話に，筆者が加筆修正した。

が行なうべきは，本来の目的である「高齢者の最低限の生活保障」＝「基礎年金の保障」である。基礎年金は，所得再分配という観点から，税を財源とすることが望ましい。

一方，個人の自由な生活を満喫する所得保障は，保険であってよい。ただし，民間（私的）保険で積立方式とする。この部分に政府は極力関与しない[7]。

賦課方式のもとでの公的年金制度改革は，制度への信頼性を損なう。すなわち，①人口構造の変化により，短期的な制度改正をせざるを得ない，②保険料率・給付乗率が，年々変化し複雑な仕組みを助長するからである。政府は，年金の持続可能性と中立性を担保するため，早急に，賦課方式を前提とした制度改革を放棄し，社会保険方式から税方式へと転換すべきである。

医　療

医療サービスは，人の生存に必要不可欠なものである。日本の場合，全国民を給付対象者として，公的医療保険制度が運営されてきた。公的医療保険は，万が一の病気やけがという「疾病のリスク」に備えるものである。全国民に，低額な自己負担，フリーアクセスを保障してきた。また，医療サービスは，情報の非対称性が大きいため，価格規制（医療サービスの価格は国が決める。公定価格＝診療報酬）と数量規制（医師の免許制。病床数の規制）によって，国が量・質を担保してきた。

近年，公的医療保険は，国民医療費の増加や医療保険財政の収支悪化を理由に，制度変更がなされてきた。その総仕上げとなるのが，『医療制度改革大綱』（2005年12月）である。しかし，『医療制度改革大綱』をはじめとする

---

6) 賦課方式のもとでの公的年金制度における収支均衡式は①，①'のようになる。
　　　$W \cdot t \cdot N = B \cdot S$ ……①
　　　$t = (B/W) \times (S/N) = r \times d$ ……①'
　　　$r\ (=B/W)$：所得代替率　　　　$d = (S/N)$：従属比率
　　　W：現役世代の1人当たり賃金　t：現役世代の賃金に対する保険料率
　　　N：被保険者数　　　　　　　　B：高齢世代の1人当たり年金給付額
　　　S：年金受給者数

少子高齢化とは，①'式のdが上昇することである。

7) 政府が関与するのは，現在と同じように，積み立てる保険料への非課税措置のみである。

一連の医療制度改革は，次の2点で問題がある。

　第1に，自己負担額の増加による受療の抑制である。すなわち，高額の保険料が払えないことにより，被保険者としての資格が停止される，また，患者自身が，自己診断で軽度の病気・傷病とみなして，重度の病気・傷病に陥る危険性が高まる。

　第2に，医療機関・医療サービス従事者は，診療報酬の変動に規定され，医療サービスを供給する。診療報酬が高く治療リスクが低い分野は採算性が高いとみなして供給を増やし，逆に診療報酬が低く治療リスクが高い分野は採算性が低いとみなして供給を減らす。昨今の小児医療・周産期医療の医師不足及び病院・診療所不足は，その典型である。

　では，今後，政府は，どのような医療制度改革をなすべきであろうか。

　第1に，医療費支出に関して，被保険者・患者の保険料額・自己負担額の増加で対応するのではなく，税による支出で対応することである。例えば，『医療制度改革大綱』に盛り込まれた新たな高齢者医療制度は，疾病リスクの高い高齢者を，全面的に税による支出で運営することも一案である。稼得能力がない・あるいは乏しい高齢者からは保険料徴収・自己負担をもとめない。また，乳幼児も稼得能力がないので，保険料徴収・自己負担をもとめない。

　第2に，医療技術の進歩，医療資源の高騰による医療費の増加などには，供給体制の効率化で対応する。たとえば，診療報酬の支払い方法（出来高払いと包括払い）の適正な組み合わせ，医療サービス供給体制の見直し（病院と診療所の連携）などである。

　第3に，治療リスクの高い分野に関して，国が需要面・供給面について，公的保障を充実させることである。少子化による人口減少が問題視されながら，小児医療・周産期医療がおろそかになっているようでは，人々は安心して子どもを産み育てようとは思わない。

介　護

　2000年4月，日本の高齢者介護サービスは，公的介護保険制度として再出発した。

1990年代で問題になっていたのは，次の2点である。第1に，介護サービス需要とその供給のミスマッチである。介護サービスの供給量が高齢化の進展による要介護高齢者の増加に追いつかなかったのである。第2に，サービスの供給主体の組織上の非効率である。地方自治体が，措置制度のもとで，サービスを必要とする人々の要求に充分にこたえられず，サービスの量・質を行政が決定し画一的に供給していたこと。高齢者介護は老人医療と老人福祉で別々に分かれており，いわゆる「社会的入院」を生み出していたことである。

　これら2点の問題を克服するために，公的介護保険制度が創設された。高齢者介護サービスを社会保険制度で運営しようとした理由は3点である。第1に，従来の老人医療制度と老人福祉制度を統合して効率化をはかり，高齢者への医療給付の増加を抑制することであった。第2に，新たな財源を税だけでなく，加入者の社会保険料にもとめたことである。第3に，公的規制（価格規制と数量規制）を設けたうえで，民間のサービス事業者の介護サービス供給を促し，供給量を増やそうとしたことである。

　これまで，介護保険法に規定されたスケジュールで，3年ごとに保険料が見直され（保険料額の増加），5年に1度の制度改正が行なわれた。2006年4月の改正介護保険法の目的の一つは給付抑制にあった。すなわち，①介護予防重視型システムへの転換，②施設介護サービスの給付抑制である。①は，これまでの要支援・要介護1の軽度要介護者を，新たに要支援1・要支援2・要介護1と区分し，「予防給付」の対象とする。予防給付の給付上限額は，介護給付の給付上限額よりも低く抑えられ，介護予防サービスを受けることとなった。②は，介護保険施設における居住費用・食費を介護保険給付の対象外として自己負担にしたことである。これは，在宅介護サービスと施設介護サービスの間の自己負担額の不均衡を是正することを目的としたものである。

　介護保険制度の問題点は，次の3点である。

　第1に，要介護度の区分による介護給付額の上限規制である。要介護度別に区分するのは適切だが，その区分が本人の望むサービス内容と一致しないことである。

第2に，市町村の保険者機能に格差がある。保険の運営主体（保険者）は市町村である。財源調達で地域間格差が発生していることである。財政のメカニズムとして，介護給付額が増加すれば保険料負担額も増加する。都市部などの市町村は，第2号被保険者（40-64歳）が多く，第1号被保険者（65歳以上）の負担額は少なくなる。逆に，地方の市町村は，第2号被保険者が少なく，第1号被保険者の負担額は多くなる。

　第3に，第1号被保険者の自己負担額・保険料額の増加である。現在の自己負担額は給付額の1割だが，財源が不足した場合，自己負担割合は上昇する可能性がある。また，第1の問題点で指摘したように，少子高齢化の進展で，第2号被保険者が少なくなる市町村が多いことから，第1号被保険者の保険料負担額が多くなることが予想される。

　高齢者介護サービスを供給するにあたって，社会保険である根拠はなんであろうか。財源の半分が税であることから，社会保険である根拠は，「消費者主権」という名の，負担と給付の権利関係しか見あたらないように思われる。

4　改革（再編成）案と課題

　まず，政府が，今後，社会保障制度改革をどのように進めようとしているのかをみておく。社会保障の在り方に関する懇談会（2006）が基本的考え方を示し，厚生労働省（2006）で具体的な将来推計を行なっている。政府の社会保障に対する考え方は，「Ⅳ今後の社会保障制度の在り方」にのべられている。

　「我が国の福祉社会は，自助，共助，公助の適切な組み合わせによって形作られるべきものであり」，「全ての国民が社会的，経済的，精神的な自立を図る観点から」「自助を基本として」「共助が補完し」「その上で，自助や共助では対応できない困窮などの状況に対し，所得や生活水準・家庭状況などの受給用件を定めた上で必要な生活保障を行う公的扶助や社会福祉などを公助として位置づける」[8]。

　さらに，「共助としてのシステムは，……社会保険方式を基本とし，国民

皆保険・皆年金体制を今後とも維持していく必要がある」としている。

　また，「社会保障制度の財源の在り方については，まず，上記の基本的考え方に沿って，社会保険料を中心とすべき分野と税（公費）を中心とすべき分野及びその関係を明確にする。次に，社会保険料，税それぞれの役割・機能を踏まえた上で，社会保険料負担の在り方（所得比例か，定額制・段階制など）や税財源の在り方（使途との対応関係など）を検討していくべきである」としている。

　この「在り方」に欠けているのは，ライフサイクルの変化の考察である。例えば，広井（2007）では，ライフサイクルの変化を「人間の三世代モデルの現代的変容」として，次のように示している[9]。20世紀までの「子ども」，「大人」，「高齢者」という3つの区分は，21世紀になって「子ども」と「高齢者」が分化した。まず，「子ども」は，義務教育を終える15歳前後までの「前期子ども」と，高校・大学を経て30歳前後までを含む「後期子ども」に分かれる。「高齢者」は，「老人」の期間が大きく伸張していることから，「前期高齢者」（65歳から75歳または80歳まで）と「後期高齢者」（75歳〔または80歳〕以上）に分かれる。「前期高齢者」は年金が，「後期高齢者」は高齢者介護が主要問題となる。

　広井（2006）は，「人間の三世代モデルの現代的変容」を示したうえで，今後の社会保障の姿を提示する。「「後期子ども」の時期への対応への社会化」が必要として，「後期子ども」期には，狭義の「教育」だけで完結するのではなく，「雇用」「社会保障」等と一体的に考え，政策支援の大幅な強化を唱える。一方，高所得高齢者向けの年金の削減，中長期的には，「厚めの基礎年金（財源は税）に重点化し，報酬比例部分は民営化」へと再編するとしている[10]。

　さしあたって，本章では，広井（2006）の「人間の三世代モデルの現代的変容」を援用しつつ，生存権の保障に向けて，税及び社会保険による社会保障を再構築し，五重の排除を包摂する大きな2つの手段を提案したい。

---

8)　筆者による抜粋。
9)　広井（2007）43-50頁の議論を抜粋・要約。
10)　広井（2007）91-108頁。

第1に，ライフサイクルごとにきめこまかい政策対応を行なうことである。具体的には，前期子どもには児童手当の充実をはかる。後期子どもには就業訓練・就業機会の充実をはかる。前期高齢者には現物給付，特に介護・医療の事前的予防の充実をはかる。後期高齢者には現物給付，特に介護・医療の事後的ケアの充実をはかる。年金は，最低限生活保障（憲法第25条の生存権保障）としての基礎年金を充実させる。これら「子ども」「高齢者」への政策対応は，基本的に税とする。「大人」への政策対応は，基本的に社会保険とする。稼得能力のある「大人」は社会保険でリスクをプールまたは軽減することが可能である。
　第2に，全世代で基礎所得（ベーシック・インカム）を保障することである。ベーシック・インカムの導入は，「働かざる者食うべからず」と言うように，「フリー・ライダー」論からの反論がある。しかし，現在，日本で採用されている様々な税控除・社会保険料控除を月々の所得として計上し，給付することは理論的に可能である。例えば，給付つき税額控除はその一例である。

5　おわりに

　本章では，日本の社会保障制度における社会保険中心主義の限界を，年金，医療，介護の制度改革の問題点を指摘しつつ論じた。生活保護制度，障害者福祉など，財源を税に依存する分野については詳細に論じることはできなかったが，申請資格の厳格化，応益負担による負担額の増加を通じて，税負担を削減しつつある。
　今後の社会保障制度の再編成案は，ライフサイクルに応じた政策対応を行なうことを基本とする。そのさい，社会保険方式で対応する分野，税方式で対応する分野を峻別し，制度の透明性・信頼性を確立することが重要である。

■参考文献
小塩隆士 2005『人口減少時代の社会保障改革』日本経済新聞社。
健康保険組合連合会編著 2008『社会保障年鑑2008年版』東洋経済新報社。

厚生労働省 2006『社会保障の給付と負担の将来見通し――平成 18 年 5 月推計』。
国立社会保障・人口問題研究所編著 2008『社会保障統計年報　平成 19 年版』法研。
国立社会保障・人口問題研究所 2008 ウェブサイト http://www.ipss.go.jp/「OECD 基準の社会支出の国際比較」『平成 18 年度　社会保障給付費』(2008 年 11 月 18 日公表)
社会保障の在り方に関する懇談会 2006『今後の社会保障の在り方について』(平成 18 年 5 月 26 日)。
平舘英明 2007『死活ライン――「美しい国」の現実』株式会社金曜日。
広井良典 2006『持続可能な福祉社会――「もうひとつの日本」の構想』〈ちくま新書〉筑摩書房。
OECD 2008 Social Expenditure Database, November 2008.
　http://www.oecd.org/document/9/0,3343,en_2649_34637_38141385_1_1_1_1,00.html

第4章　日本における社会保障制度の財政的側面

戸谷裕之

1　はじめに

　高齢化社会の進展を踏まえて，社会保障制度の充実が求められている。他方，国は巨額の債務を抱え財政破綻の危機に瀕している。社会保障制度の持続可能性を維持するためには，制度を支える財政的基盤が脆弱であってはならない。
　本章では，まずわが国政府の一般会計の構造と現状を概観し，赤字構造の実態を説明する。次に歳出増加の要因を探り，近年ではとくに社会保障関係費と国債費が大きいことを見る。そして社会保障関係費の中でも，医療，年金，介護といった社会保険費の伸びが著しいことを示す。
　最後に財政破綻を回避する具体的方策として基礎的財政収支の均衡問題に触れる。国民の将来不安を払拭し，活力ある経済社会を実現するためにも，社会保障制度の持続可能性は確保されねばならない。

2　日本財政の現状

一般会計の基本構造

　1990年代以降，バブル経済の崩壊と景気の低迷によりわが国の税収は急

図1 一般会計の構成（2008年度予算：兆円）

歳入		歳出	
租税及び印紙収入	53.6	一般歳出	47.3
所得税(16.3)		社会保障関係費(21.8)	
法人税(16.7)		公共事業関係費(6.7)	
消費税(10.7)		文教科学振興費(5.3)	
その他		その他	
	4.2	地方交付税	15.6
公債金収入	25.3	国債費	20.1
	83.0		83.0

出所：財務省『財政金融統計月報：平成20年度予算特集』より作成。

激に落ち込んだ。また景気対策のための大幅減税や公共事業等の財政支出の拡大は，わが国の財政収支を急速に悪化させてきた。加えて，少子高齢化は着実に進展しており，社会保障費の増大が日本の財政を破綻の淵に追いやっている。

わが国の社会保障制度には国の一般会計を通じて多額の税金が投入されており，社会保障制度を持続可能なものにするために，財政的基盤が脆弱なものであってはならない。本章では，財政的側面からわが国の社会保障制度を考察し，その課題と将来の展望を検討する。

まず図1に基づき，わが国財政の一般会計の概要を見ておこう（数値は2008年度予算）。一般会計の歳入は，大きく①租税及び印紙収入（53兆6000億円），②公債金収入（25兆3000億円），③その他収入（4兆2000億円）からなっている。「租税及び印紙収入」とは，いわゆる国税であり，所得税（16兆3000億円），法人税（16兆7000億円），消費税（10兆7000億円），その他として揮発油税（2兆1000億円），相続税（1兆5000億円），酒税（1兆5000億円），たばこ税（9000億円）等々となっている。

「公債金収入」とは一般会計における税収の不足部分すなわち政府の借金である。バブル崩壊以降，税収が低迷することにより公債金収入の歳入に占める割合は増加しており，2008年度においては30.5％，金額にして25兆3000億円に達している。

他方、一般会計の歳出は、大きく①一般歳出（47兆3000億円）、②地方交付税交付金（15兆6000億円）、③国債費（20兆2000億円）に分けられている。「一般歳出」とは政府の一般的業務のための支出であり、社会保障関係費（21兆8000億円）、公共事業関係費（6兆7000億円）、文教及び科学振興費（5兆3000億円）、防衛費（4兆8000億円）等々である。「地方交付税交付金」とは国から地方自治体に交付される一般補助金である。また「国債費」とは、これまでの借入金の元金及び利子の支払額である。以上が、わが国財政の基本的な構造である。

バブル崩壊と税収減少

わが国の税収、すなわち一般会計における「租税及び印紙収入」は1990年度の60兆1000億円をピークに急速に下落する。例えば所得税は90年度26兆円であったものが、99年度には15兆4000億円と約6割にまで減少した。もちろんこの要因は景気の低迷のみではなく、景気対策として所得税の減税がなされたからでもある。94年度の所得税・住民税を含めた20％の定率減税（減税規模5兆5000億円）、95年度の税率引き下げと各種控除引き上げによる制度減税（同3兆6000億円）、さらには95・96年度の2年間にわたる15％の定率減税（同2兆円）が行なわれた。そして98年度には1人5万円の定額減税（同4兆円）、翌99年度には再び20％の定率減税（同4兆1000億円）が実施されている。

この間、法人税についても税率の引き下げを中心とした大規模な減税がなされている。法人税の基本税率は90年37.5％であったが、98年34.5％となり翌99年には30％へと引き下げられている。このような税率の引き下げと景気の低迷の影響で、法人税収は大幅に低下した。90年度には18兆4000億円であったが、99年度には10兆8000億円、02年度には9兆5000億円にまで減少した。

これら所得税・法人税の減税措置は、税制面からの景気対策として行なわれたものであった。しかしながら景気はいっこうに回復せず、わが国経済は「失われた10年」と呼ばれるほどに混迷をきわめていた。税収総額で見れば、03年度は43兆3000億円と、ピーク時90年度の約7割に落ち込んでしまっ

たことになる。

　消費税については，97年度に税率がそれまでの3％から5％に引き上げられた。これにより消費税収は96年度の6兆1000億円から97年度には9兆3000億円と3兆2000億円増加した。しかし上述したように所得税，法人税の落ち込みが激しく税収総額では，96年度52兆1000億円から97年度53兆9000億円と，1兆8000億円の増加に留まっている。

歳出の増大

　バブル崩壊による税収の減少にもかかわらず，90年代に入り政府は数次にわたる経済対策を打ち出し景気刺激をはかることになる。92年8月の宮沢内閣による「総合経済対策」10兆7000億円を皮切りに，93年4月「総合的な経済対策の推進について」13兆2000億円，同9月の細川内閣による「緊急経済対策」6兆円と，翌年2月の「総合経済対策」15兆2000億円である[1]。95年に入り阪神・淡路大震災や急激な円高に対処するため，村山内閣は4月の「緊急円高・経済対策」7兆円と同年9月「経済対策──景気回復を確実にするために」14兆2000億円を決定した。

　これらの経済対策は公共事業の拡大を中心にしたものであった。図2は一般会計の歳出の中の主要な項目の推移を示している。ここから見て取れるように，公共事業費は80年代は概ね7兆円前後で推移してきたが，90年代に入り一気に増加した。89年7兆4000億円，90年7兆円，91年7兆4000億円と7兆円程度とほぼ横ばいであったが，92年9兆7000億円，93年13兆7000億円，94年13兆2000億円，95年12兆8000億円と急速に上昇している。

　これら一連の拡大政策の効果もあってか，実質経済成長率は95年度に2.5％，96年度には3.4％と，景気に回復傾向が見られた。しかしながら，わが国財政は主先進国中最悪といえるほど危機的な状況にはまり込んでいった。このため政府は橋本内閣のもと，97年度を財政構造改革元年と位置づけ，聖域を設けることなく徹底した歳出の見直しに取り組みはじめた。

1）　これら経済対策の金額には減税額も含まれている。以下も同様である。

図2 一般会計主要経費別の推移

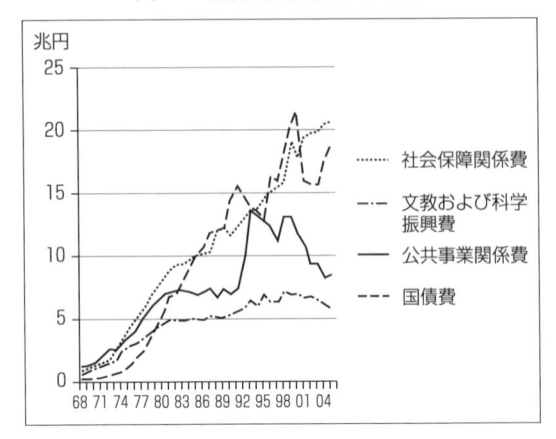

出所:財務省 H. P.「財務統計」第18表(1)(2)より作成。

　97年11月「財政構造改革法」が制定され，98年度予算編制において歳出全般について徹底的な洗い直しがなされた。しかし，97年秋以降に生じたアジアの通貨危機，国内での金融機関の相次ぐ破綻と企業の倒産により景気は急速に悪化し，わが国経済は98年度はマイナス成長に陥ることになる。

　このような状況の下，政府は98年4月に「総合経済対策」16兆円を再び打ち出すことになる。さらに橋本内閣を引き継ぐ小渕内閣も，同11月には「経済新生対策」17兆円を決定した。そして12月には「財政構造改革法」を凍結し，前年に始まったばかりの構造改革路線を方向転換せざるを得なくなった。

　翌99年度は当初予算の段階から景気に配慮した編制であったが，加えて2度にわたる補正予算が組まれている。さらに2000年11月，森内閣のもとでも「日本新生のための新発展政策」11兆円が打ち出された。

　公共事業費の推移を見ると，96年12兆3000億円，97年11兆670億円と一旦減少するものの98年13兆1000億円，99年12兆9700億円と再び増加に転じている。

　このような景気対策としての公共事業関係費の増大とは無関係に少子高齢化が進行し，社会保障関係費に増加圧力を加えてきたことは，わが国財政に

とっての「ダブルパンチ」であったと言うべきかもしれない。

図2から明らかなように，1970年代以降，社会保障関係費は一貫して増加傾向にある。とりわけ2000年からは主要経費項目の中では最大となっている。

3　社会保障関係費の増大

社会保障関係費の内訳

以下では，一般会計の中で社会保障関係費が増大している現状を検討する。まず，社会保障関係費は次の5つの項目に分類されている。第1に，国が生活困窮者に対し健康で文化的な最低限度の生活を保障する公的扶助としての「生活保護費」。第2に，児童，母子，老人，障害者などが社会生活を営むのに必要な能力の育成，回復，補強のために，一定の財・サービスを提供する「社会福祉費」。第3に，健康保険や年金保険，介護保険などのように，加入者が保険料を負担する一方，病気や老齢あるいは要介護状態などになった場合に給付が行なわれる「社会保険費」。第4に，疾病予防や栄養改善，公衆衛生などを担う「保健衛生対策費」。そして第5に，失業者に対する職業訓練のための助成，雇用開発にかかる給付などの「失業対策費」である。

図3は上記の各費目の推移を示したものである。図から明らかなように，社会保障関係費の中で圧倒的に増加してきているのは「社会保険費」である。1968年，社会保障関係費の約4割を占めていた社会保険費は，2006年には78.6％とほぼ8割に達している[2]。そしてこの社会保険費を構成するのが，年金，医療，介護のための支出である。

2008年度予算においては社会保険費は17兆5000億円を計上しており，そのうち医療関係費が8兆5000億円，年金関係費が7兆4000億円，介護関係費が1兆9000億円となっている。

このような社会保険費の急激な増大は，戦後，救貧的な色彩の濃い生活保

---

2)　なお2000年度の介護保険制度の創設に伴い，社会福祉費の一部が社会保険費に移行していることに注意が必要である。

図3 社会保障関係費の内訳

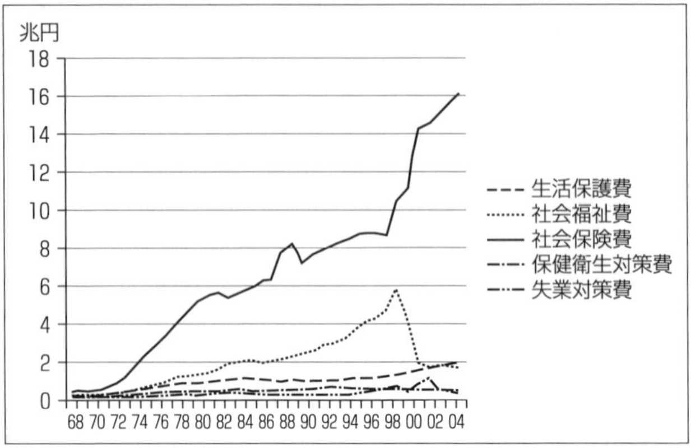

出所：図2に同じ。

護や失業対策を中心にはじめられたわが国の社会保障制度が，社会保険や社会福祉といった総合的なものへと制度的発展を遂げていったことを示している。

医　療

わが国において国民が医療を受けた際の費用は，保険料，公費，および自己負担から成り立っている。保険料とは各種保険者（運営主体）が徴収するいわゆる「社会保険料」である。公費とは上述してきたように一般会計における社会保障関係費の中の社会保険費から支出され，その財源は言うまでもなく税金（もしくは公債金収入）で賄われている。また，自己負担とは患者が医療機関に対して実際に支払う金額であり，3割負担が原則となっている。

国民医療費とは，これら保険料，公費，自己負担も含めて，医療に要した費用の合計である。1991年度21兆8000億円であった国民医療費は2006年度には33兆1000億円と15年間で1.5倍に増加した。国民医療費の国民所得に対する比率で見ると，同じ期間に5.9％から8.9％へと上昇している[3]。

このように社会全体として医療費が増大していく要因の第1は人口の高齢

---

[3] 医療費に関する数値は厚生労働省（2008）参照。

化である。高齢者は医療を受ける頻度が高く，また一旦病気になると治療する期間も長期間に及ぶ。高齢者の数が増えると社会全体としての医療費が増えることは避けられない。老人医療費（65歳以上の人々の医療費）のみを見ると，1991年度6兆4000億円であったものが，2006年度には17兆1000億円と2.6倍に増加している。

　2000年度に導入された介護保険制度は，この老人医療費の増大に歯止めをかけることを目指したものであった。すなわち，介護状態にある高齢者を医療機関である病院に入院させる「社会的入院」と呼ばれる現象を食い止めることによって，老人医療費を軽減しようとしたものであった。

　確かに，2000年度の老人医療費は11兆2000億円と，前年度の11兆8000億円から若干減少した。ところが，翌01年度には11兆7000億円と再び上昇し，その後の推移を見ても老人医療費が抑制されているとは言い難い[4]。

　しかし医療費の増大は，人口の高齢化だけではなく，わが国の医療制度そのものにも起因している。例えば日本の平均在院日数は36.4日と，ドイツの10.9日，フランスの13.4日，イギリスの7.6日，アメリカの6.5日に比べて，格段に長くなっている。また高額医療機器の数も多い。人口100万人あたりのCTスキャンの台数は約93台と諸外国の6-12倍である。同じくMRIは約40台と諸外国の5-9倍となっている。また後発医薬品のシェアは17％（数量ベース）と，アメリカ，イギリス，ドイツの3分の1程度しかない[5]。

　言うまでもなく，人間の生命の価値は重い。しかしながら，わが国の医療制度の持続可能性を維持するためには財政の健全性が必要である。医療の効率化と，給付と負担のあり方を検討する努力が不可欠である[6]。

年　　金

　日本の公的年金制度は，20歳以上60歳未満の全国民が加入する基礎年金をベースとし，その上に職業ごとに異なる年金制度が上乗せされたいわゆる

---

4)　また1人あたり医療費（2002年度）でみても，65歳未満が15万3000円であるのに対し，65-74歳で51万6000円，75歳以上では82万円となっている。
5)　池田篤彦編著（2008）101頁。

「二階建ての構造」となっている[7]。すなわち、一般民間サラリーマンは基礎年金と厚生年金という2つの制度に加入し、公務員および私立学校教職員は基礎年金と共済年金という制度に、それぞれ加入している。また自営業者やサラリーマンの妻（被扶養配偶者）は基礎年金にのみ加入している。この基礎年金によって、わが国ではすべての国民が公的年金制度に加入する「国民皆年金体制」が確立している。

年金制度の財政方式には積立方式と賦課方式の2通りがある。前者の積立方式とは、現役の時に保険料を支払い、その積立金および運用収入を退職後の給付財源とする方式である。この方式では、世代間の所得移転が生じず、各世代が財政収支上独立している。したがって、高齢化の進行等により人口構成に変化が生じても、各世代が年金の負担と給付に影響を受けることがないというメリットがある。他方デメリットとしては、創設時にすでに高齢に達しており保険料を支払わなかった世代は年金給付を受け取ることができない。また急激なインフレーションが生じた場合には、その対応が困難となる。現役時代に支払った保険料金額しか退職後に受け取ることができないからである。

これに対し後者の賦課方式は、現役世代が保険料として支払った拠出額を、その同時期の引退世代への給付財源として充てる方式である。この方式のもとでは、年金給付を受け取れない世代は存在せず、急激なインフレーションにも対応できることになる。しかし、世代間の所得移転を前提としているため、高齢化等の人口構成に変化が生じたときには、世代間の不公平が生じることとなる。とりわけ、高齢者世代が若い世代より多くなった場合、すなわち人口ピラミッドが逆三角形型になった場合、深刻な問題が発生する。

当初、わが国の公的年金制度は完全な積立方式で開始された。しかし高度

---

[6] なお、2008年4月からスタートした後期高齢者医療制度は、その出帆から混乱を極めた。この制度は75歳以上の高齢者を従来の健康保険制度から切り離し、独立した制度として運営しようとするものである。これは、2005年12月、小泉内閣が閣議決定した医療保険制度大綱に盛り込まれ、衆院厚生労働委員会での与党による強行採決を経て翌06年6月に成立したという経緯がある。この制度については、高齢者の置かれている状況に配慮し、激変緩和を図るという観点から一時凍結されることとなっている。

[7] 「三階建て構造」と呼ばれる場合もあるが、詳細は第3章に譲る。

経済成長期のインフレによって積立金の実質価値が大幅に減少した。また年金給付額の充実を求める声が大きい反面，保険料を引き上げることへの抵抗が強かった。その結果，当年度に支払われた保険料のほとんどを当年度の給付財源に充てることとなる。こうしてわが国の公的年金制度は，実質的には賦課方式の性格を持つようになり，修正賦課方式と呼ばれるようになった。

さらに1985年以降，厚生年金や共済年金から基礎年金に対して一定の金額を拠出するという「基礎年金拠出金」制度が導入された。当時から受給者に対する被保険者の割合は各年金の間で異なっていた。すなわち厚生年金や共済年金は，受給者の被保険者に対する割合が低いため財政状況が比較的潤沢であった。これに対し，基礎年金は受給者の割合が高く財政状況が悪化していた。基礎年金拠出金はこのような格差を埋めるために導入された仕組みである。

しかも，この基礎年金拠出金に対しては一層の財政的基盤を確保するために，国庫が一定割合を負担することになっている。基礎年金に対する国庫負担の割合については，従来の3分の1から，2009年度までには2分の1に引き上げることが，年金改正法附則（2004年）に規定されている。

介　護

2000年4月，わが国に介護保険制度が導入された[8]。これは高齢者への介護サービスを社会保険方式によって提供するという新しい制度である。それ以前，高齢者介護は一貫した体系的システムではなく，一般病院における医療サービスとホームヘルプや特別養護老人ホームなどの福祉サービスに分かれていた。

医療サービスの面では，介護を必要とする高齢者を一般病院に長期にわたって入院させるため，通常の医療を圧迫するという「社会的入院」の問題が深刻化していた。また福祉サービスでは，行政がその必要性を決定するため，利用者がサービスを自由に選択できないという問題があった。

さらに行政に介護の必要性が認められるのは，比較的低所得層に限定され

---

[8] 「介護保険法」の成立は1997年12月。

ていた。そのため，大部分の高齢者は家族による介護にならざるを得なかった。一方，高齢化が進展し寝たきりや認知症の老人は増え続けた。このような老人の家族介護は通常，家庭の主婦に頼らねばならず，これが女性の社会進出を阻む要因の1つとなっていた。以上のように，高齢者を社会的に介護する必要性が求められていたのである。

介護保険制度は，介護を社会全体で支えるとともに，利用者の要望をできるだけ取り込んだ総合的なサービスを提供するために導入されたものである。40歳以上の国民から徴収した保険料および公費を財源として，要介護状態や要支援状態になった場合に誰もが在宅サービスや施設サービスを受けることができる仕組みである。ただし利用者は受けたサービスの費用の1割を自己負担せねばならず，残りの9割が保険料および公費で賄われることになっている。

導入初年度の2000年度の介護保険給付費（保険料および公費）はわが国全体で3兆2427億円であったが，6年後の2006年度，それは5兆8743億円となり，わずか6年で約1.8倍に急上昇してきている。介護保険制度は，他の保険制度の轍を踏まないように当初から自己負担を導入し，過度な給付に歯止めがかかるよう制度設計されたものであったが，予想以上の急拡大を示している。

介護保険を増加させている要因としては，まず利用者数が増えたことがあげられる。要介護（要支援）認定者総数は，2000年度256万人であったが，06年度には440万人と1.7倍に増加している。

また65歳以上に占める要介護（要支援）認定者の割合は，2000年度11.0％であったが，2006年度15.9％となっている。さらに1人あたり介護給付費は，2000年度145万円であったものが，2006年度に219万円と1.5倍に増加している。このように，将来の高齢化が進行する中で，介護保険の拡大は介護給付費の増大を通じて国家財政を圧迫することが予想されている。

4　日本財政の課題

財政赤字の問題点

以上見てきたように，急速に進む少子高齢化により，社会保障関係費を中心にした歳出増大への圧力は高まる一方である。他方，バブル崩壊後の景気低迷による税収減に加えて度重なる景気回復に向けた歳出の増大や減税によって，わが国の財政収支は悪化し続けてきた。2008年度末の国・地方の長期債務残高は773兆円，対GDP比率で148％ときわめて厳しい状態に陥っており，この値は先進国の中で最悪である。

こういった財政赤字の体質を放置した場合，将来，わが国の財政・経済は深刻な事態に直面することになる。毎年の国債発行が累積し債務残高が増加することによって過去に発行した国債の償還および利払費が増加し，これが政府の一般歳出を圧迫する。「財政の硬直化」と呼ばれる現象であり，2008年度予算においても国債費が歳出総額の24.3％と約4分の1を占めている。すなわち，社会保障や教育，公共事業といった政府が本来するべき仕事を，過去の借金を返済するために，抑制せざるを得なくなる。

また，財政赤字を賄うために公債を発行すれば，金融市場における資金需要の逼迫を通じて金利を上昇させ，民間の設備投資の足を引っ張るという「クラウディング・アウト」を引き起こす可能性がある。民間の設備投資の減退は経済成長率を低下させ，税収の減少を通じて一層の財政赤字を誘発するという悪循環を生じさせることになる。さらには，医療，年金，介護といった制度の持続可能性への疑問が，国民を将来不安に陥れる可能性もある。こうした悪循環を断ち切り，財政健全化へ向けた構造改革を進めることは，活力ある経済社会を実現するうえで不可欠の課題である。

財政構造改革の必要性

財政構造改革とは，受益と負担のバランスを見直すことを意味し，国民にとっては受益が減り負担が増えるという意味で，ある程度の痛みを強いるものである。しかしながら，人々が将来も安心して経済生活が営めるようにな

るためには，財政破綻への突入は避けねばならない。

　財政構造改革に望む際には，まず社会の変化に対応した政策のあり方を考慮せねばならない。たとえば社会保障制度に関しては，人口高齢化の進展に伴い，かつての保護救済型から自立支援型への変換が求められよう。

　また，価値観の多様化に伴い様々な財政需要が発生してくるが，いかに効率的な資源配分を行なうかということが重要になってくる。競争原理の活用によるコスト削減や，施策が負担に見合うものであるかという費用便益分析の視点が必要である。当然，そのためには予算とその執行について透明性と説明責任が果たされねばならない。

　さらに，景気刺激のために財政が果たすべき役割について再検討が必要となってきている。近年，景気刺激のための財政出動はその効果が低下している。不況時の歳出増は行なわれても好況時の歳出抑制は行なわれなかったし，発動のタイムラグのためにかえって景気の振幅を大きくしてしまっている。また，経済の構造改革をかえって遅らせる場合もあり，構造的な失業といった問題に対しては，根本的な解決策とはなっていない等の指摘がなされている。主要先進国においても，拡張的財政政策は，当初は一定の効果はあるとしても中長期的には経済成長にとってプラスとはならないと認識されている。近年，先進国では景気後退期においても財政出動はほとんどなされず，規制緩和を中心とする構造改革による対応が中心となってきている。

基礎的財政収支の黒字化

　財政構造改革の具体的な方針としては，2006年7月に閣議決定された『経済財政運営と構造改革に関する基本方針2006』に「2011年度には国・地方を合わせた基礎的財政収支を確実に黒字化させる」と記されていることである[9]。

　ここで，基礎的財政収支（プライマリー・バランス：PB）とは，税収等から一般歳出等を差し引いた金額を指す。図1を参考にすれば以下の式で示される。

---

9)　内閣府（2006）18頁。

PB＝(租税および印紙収入＋その他収入)−(一般歳出＋地方交付税)

　この基礎的財政収支が黒字化するとは，一般歳出と地方交付税という通常の支出が借入れに頼らず税収で賄われる状態を意味している。2008年度における基礎的財政収支は5兆2000億円の赤字ということになる。また歳入総額と歳出総額は一致していることから，基礎的財政収支は，

PB＝国債費−公債金収入

とも定義できる。つまり，過去の借金の返済額（国債費）と新たな借入額（公債金収入）の差額である。これが黒字になる（プラスになる）とは，借入額が返済額より少ない，すなわち，その年度の支出はその年度の税収で賄える状態である。

　わが国政府の当面の目標は，2001年度に基礎的財政収支を均衡（プラスマイナス・ゼロ）させることである。ただしここで，国債費は，過去の借入の元本返済費と利払費の合計であることに留意する必要がある。08年度においては，元本返済費10兆7000億円，利払費9兆4000億円である。つまり，基礎的財政収支が仮に均衡したとしても，公債金の残高は利払費の分だけ増加することになる。この増加率がGDP増加率（すなわち経済成長率）より小さくなって初めて，債務残高のGDP比を引き下げることになり，財政破綻を回避することが可能となる。

　成熟期に入ったわが国の経済社会は，かつてのような高度経済成長は望めない。持続可能な社会保障制度を維持するためには，なによりも財政構造を健全化させねばならない。そのために国民は，歳出削減か増税かあるいはその両方といった厳しい選択を迫られることになる。

■参考文献

跡田直澄・前川聡子編著 2007『社会保障一体改革への途』清文社。
池田篤彦編著 2008『図説日本の財政』平成20年度版，東洋経済新報社。
厚生労働省 2008『平成18年度介護保険事業状況報告』。
厚生労働省 2008『平成18年度国民医療費の状況』。

内閣府 2006『経済財政運営と構造改革に関する基本方針2006』。
財務省財務総合政策研究所編『財政金融統計月報：予算特集』各年版。

第 5 章　日本の社会保障と労働市場

加藤道也

1　はじめに

　2001 年 1 月に設置された，当時の内閣総理大臣小泉純一郎を議長とする経済財政諮問会議は，同年 8 月，「サービス部門における雇用拡大を戦略とする経済の活性化に関する専門調査会緊急報告」を行なった。同報告は，バブル崩壊後の経済低迷によって「失われた 10 年」と称されるほど悪化した日本経済と，それによって不安定化した雇用状況を，「雇用創出型の構造改革」を推進することによって改善させようと提言した。同報告は述べる。

> 不良債権の本格処理，産業・企業の再編，行財政改革などにより，今後数年間に相当程度の雇用機会の削減が見込まれる。しかし，われわれは，雇用創出型の構造改革を強力に推進することで，これから 5 年後にサービス部門を中心に 500 万人の雇用を創出し，その結果，女性や高齢者を含め就業者は増加し，失業率は 4 ％以下の水準に引き下げられるものと想定している[1]。

---

1)　経済財政諮問会議（2001 年 5 月 11 日）『サービス部門における雇用拡大を戦略とする経済の活性化に関する専門調査会緊急報告』1 頁。

そこでは，雇用創出の源はサービス経済化した先進国の雇用構造に対応した第3次産業の拡大に求められている。興味深いことは，サービス産業の中に，子育てサービスや高齢者ケアサービスなどが例示されていることである[2]。これらのサービスは，急速に進展している日本の人口高齢化対策として必要不可欠なものであるが，それにもかかわらず，対応する制度の不十分さや従事する労働力の不足から整備が非常に遅れていた分野である。従来日本においては，公共事業による失業者の吸収が主流であった。しかし，長引く経済停滞とそれに伴う政府財政の逼迫によって，従来のような公共事業を行なうことができない。そこで，もともと不足している分野に景気悪化により生じた余剰労働力を移動させ，必要最小限の財政支出で雇用問題を解決しようとしたところに構造改革路線の特徴があるといえるだろう。また，構造改革路線においては，財政支出の中でも最大の割合を占めている社会保障制度の中で，とりわけ遅れていた子育てサービスや高齢者ケアサービスなどの領域を，雇用対策とリンクさせ，市場原理にゆだねている点に注目する必要がある。その特徴は，この報告に続いて出され閣議決定された「今後の経済財政運営及び経済社会の構造改革に関する基本方針」（いわゆる「骨太の方針」）においてはさらに体系的かつ明確になっている。

　構造改革の基本的な考え方を示したこの方針は，「民間にできることは，できるだけ民間に委ねる」との原則に立ち，「医療，介護，福祉，教育など従来主として公的ないし非営利の主体によって供給されてきた分野に競争原理を導入する」ことを宣言したものであり，「自助と自立」を原則とする構造改革の目指す方向を国民に示したものであった。

　労働市場や社会保障制度について，「骨太の方針」は次のように述べる。

> 働く意欲のある女性や高齢者の就業を抑制しないよう，年金，医療，税制等の制度設計の見直しを進めるとともに，仕事と家庭の両立を図るため，労働法制の見直しを一層進める。特に，世帯単位が中心となっている現行制度を個人単位の制度とする方向で検討を進め，女性の就業が不

---

[2] 同2頁。

利にならない制度とする。

　また，労働移動の活発化，就労形態の多様化などに対応して，派遣労働に対する規制改革を推進するとともに，パート労働，派遣労働に対する社会保障制度の適用を拡大するとともに，ポータビリティを容易にするなどの中立性を高めセーフティーネットの機能を強化する。さらに，高齢者は資産や負担能力や所得等の経済状況が極めて多様であり，年齢で一律に社会的弱者とみなすのではなく，経済的な負担能力に応じた負担を求めるとともに，高額の所得や資産を有する者に対する社会保障給付のあり方を見直す[3]。

構想改革路線とは，民間活力を原動力として経済成長を追求することを大前提とし，政府の財政負担を極力抑えたいわゆる「小さな政府」の実現を目指したものであった。社会保障制度といえども，必ずしも政府による政策対応によって支えられるものではないのだということを，私たち国民に周知徹底するための政策であったといえるだろう。

本章では，構造改革によって社会保障制度や労働市場がどのような影響を受けたのかを検討する。そして，それを通じて，現在の日本における社会保障制度や労働市場の特徴を明らかにする。

2　日本の労働市場の現状と問題点

人口減少と労働力人口

労働力人口の動向は，労働市場のあり方を規定する重要な要因である。日本においては，長期的に減少が続いてきた。国立社会保障・人口問題研究所がまとめた「日本の将来推計人口（2006年12月推計）」によれば，日本の合計特殊出生率は，2008年度には1.2297となり，今後も大きな改善は期待できず1.2台の数字が続くとされている。総人口は減少の一途をたどり，

---

[3]　閣議決定（2001年6月26日）「今後の経済財政運営及び経済社会の構造改革に関する基本方針」19頁。

2046年には1億人を割り込むと予想されている。生産年齢人口も，1995年の8716万人をピークとして減少を続けており，2012年には8000万人を割り込み，2055年にはおよそ半減の4595万人になるという[4]。人口の予想は様々な仮定を置いた上で行なわれており必ずしもその通りになるとは限らないが，現在のところ人口が大きく増加に転じる気配は見られない。生産年齢人口の減少は，生産の効率性の増加を伴わない限り生産総額の減少を招き，収入総額の減少によって消費市場の縮小につながる。ひいては国家の財政収入の減少に帰結する。現行の社会保障制度においては，現役世代の負担によって年少人口や高齢者扶養のための財源を捻出している構造となっているため，生産年齢人口の減少は，直接的に社会保障制度の動揺につながるのである。

生産年齢人口に対する年少人口と老年人口の相対的な大きさを比較し，生産年齢人口の扶養負担の程度を表わす指標としてよく使われるものに従属人口指数がある。それによると，2005年に31％（働き手3.3人で年少者や高齢者を扶養）であった指数は，2050年には50％（働き手2人で1人を扶養）に増加し，2055年には79％（働き手1.3人で1人を扶養）になると予測されている[5]。社会保障制度との関連で言えば，将来的な労働力人口の負担は増加の一途をたどると考えられているのである。したがって，社会保障制度の維持を図るためには，労働力人口の増加が急務であるといえるだろう。構造改革路線は，こうした労働力人口の減少による社会保障負担の増加を，経済そのものを効率化することによって継続的な成長を維持しようとするものであった。

構造改革が本格化した2002年以降の日本経済は，2002年初頭から景気回復が始まり，1965年10月から1970年7月まで57か月続いた「いざなぎ景気」を超えて戦後最長を記録するなど数字の上では好景気となり，それは構造改革路線の成果であるとして盛んに喧伝されてきた。しかし，そうした言説とは裏腹に，国民にとってはまったく実感のないものにとどまったという

---

[4] 国立社会保障・人口問題研究所（2006年12月）『日本の将来推計人口』2頁，9頁，29頁。

[5] 同3頁。

声も大きい。2007年に入ると，アメリカで起こったサブプライム問題によって金融資本市場が大きく動揺し，さらには原油・原材料価格の高騰が加わり，2008年に入ると景気回復は完全に「足踏み状態」となった[6]。マクロ的な状況と人々の実感との間には，いったいどのような乖離があったのであろうか。それを解く鍵は，構造改革による労働市場構造の変質にあると思われる。以下，それを見ていこう。

構造改革による雇用構造の変化

構造改革によって雇用はどのような影響を受けたのであろうか。完全失業率をみると，2002年4－6月期，7－9月期および2003年4－6月期には過去最高の5.4％を記録したが，長期的にみると全体的に低下し，2007年7月に3.6％の底をつけた後，2008年3月には3.8％となった[7]。したがって，構造改革期を概観すると完全失業率は改善したように見える。しかし，それは日本の労働市場に大きな構造変化を伴ったものであった。

日本の労働市場は，これまで終身雇用制と年功賃金制を特徴としたものであったが，構造改革路線による「雇用の流動化」政策は，それらの制度を大きく動揺させたのである。非正規雇用の増加は端的な例証である。

構造改革路線が本格化する以前の2000年における正規雇用者割合は74.0％であったが，2008年初めには66.0％へと低下した。その反面，2000年に26.0％であったパート，派遣，契約社員などの非正規雇用者の割合は34.0％へと上昇し，その後も増加する傾向にある[8]。ここから読み取れることは，完全失業者の減少のうちかなりの部分は，停滞業種から成長業種へと正規雇用者として移動したのではなく，労働移動の過程で雇用の非正規化を強いられたことが窺われる。これを裏付けるように，正規以外の労働者のうち非正規雇用を選択した理由として「正社員で働く機会がないから」と答えた者の割合は，2001年から2006年にかけて増加している。短時間パートの女性では，2001年の20.8％から2006年の24.5％に，その他の者（正社員や短時

---

6) 内閣府（2008年）『経済財政白書（平成20年度版）』5－6頁。
7) 厚生労働省（2008年）『労働経済白書（平成20年度版）』10頁。
8) 同26－27頁。

間パート以外の者）の男性では，2001年の38.4％から2006年の44.0％に，女性では2001年の37.6％から2006年の44.4％といずれも増加を示している[9]。非正規雇用の増加は，セーフティーネットとしての社会保障制度から完全にあるいは部分的に排除される労働者の割合が増加することを意味しており，その不安定な立場は，ニート・フリーター問題やワンコール・ワーカー問題として社会問題となった。

構造改革路線においては，「新規・成長分野を中心とした雇用創出」がうたわれ，「雇用形態の多様化と雇用機会の拡大」が目指された。1998年に改正された労働基準法は，企画業務型裁量労働制を創出したが，2003年には有期労働契約期間の上限が3年となった。1999年には，適用対象業務が従来の製造業から原則自由化され，雇用の流動化を加速することとなった。構造改革は，不況下においてなし崩し的に進められた雇用の流動化の流れを追認するにとどまらず，「雇用創出」という積極的な意味を付加して積極的に促進したといえる。しかし，その効果については，政府の掲げた「530万人の雇用創出」には程遠く，内閣府による構造改革評価においても様々な疑問を投げかけられている[10]。

とりわけ，近年の若年層・新規学卒採用の減少は，雇用創出効果がなかったことを端的に示している。2001年後半からの正規雇用者数は，20歳から29歳において減少傾向にある。構造改革による雇用流動化とそれに伴う雇用の非正規化は，若年層・新規学卒層にとって，長期にわたって厳しい雇用環境を強いているのである[11]。

構造改革路線による雇用の不安定化は，正規雇用の減少および非正規雇用の増加にとどまらず，正規雇用者の雇用にも大きな影響を及ぼした。賃金制度において，「成果主義」，「能力主義」を採用する企業が増加し，全体として，正規労働者の賃金は長期的に低下する傾向にある。すなわち，雇用の不安定化は，労働者全体の雇用条件や賃金低下という結果をもたらしたのであった。

---

9) 同29頁。
10) 内閣府（2003年11月）『構造改革評価報告書』48-52頁。
11) 厚生労働省（2004年）『労働経済白書（平成16年度版）』20-21頁。

女性の雇用増加への期待

　本節の冒頭で見たように，人口減少に伴う労働力人口の減少が長年危惧されてきた。日本の労働力人口不足を解消するための方法として，外国人労働者を受け入れるべきだと盛んに主張されるようになっている。しかし，外国人労働者を導入するという主張は，受け入れる側の体制整備について十分に議論されないまま行なわれているように見える。たとえ外国人労働者によって労働力不足を解消したとしても，それらの人々に対する社会保障制度の適用が不十分なままでは，いずれ新たな社会問題を生み出すだけであろう。反面，労働市場においては，働きたくても働くことができないという人々が存在することも事実である。本節では，そうした人々の中で特に，女性労働と高齢者雇用の可能性について述べ，労働力人口の減少に対する有効な対策を考えてみたい。

　人口減少社会の到来に直面して，労働力率の向上は常に雇用政策の重要な課題となってきた。女性労働力は，そうした流れの中で注目を浴びてきた。日本における女性の労働力率に関しては，20歳代後半から30歳代にかけての出産・育児期において顕著な低下を見せ，その後緩やかに上昇するという，いわゆるM字カーブの存在が明らかになっている。これは，出産・育児と就業との両立が困難であるという日本の事情を端的に示している。依然として男性の育児休業取得率は低く，働く女性は文字通り睡眠時間を削って家事との両立を図っている状況なのである[12]。

　1985年に制定された男女雇用機会均等法は，募集・採用・配置・昇進について女性を男性と同等に取り扱う努力義務を課し，女性であることを理由とした差別を禁止した。1997年には，努力義務は禁止規定へと強化された。また，2006年の改定では，差別禁止の範囲を拡大し，実効性の確保のための規定が設けられた。様々な問題点を抱える同法ではあるが，一定の効力を有するようになってきているのも事実である。女性の労働力率は，男女雇用機会均等法施行以降上昇しており，M字カーブの谷も少しずつではあるが浅く

---

[12]　内閣府（2003年）『経済財政白書（平成15年度版）』181‐182頁。

図1　女性の労働力率および潜在的労働力率

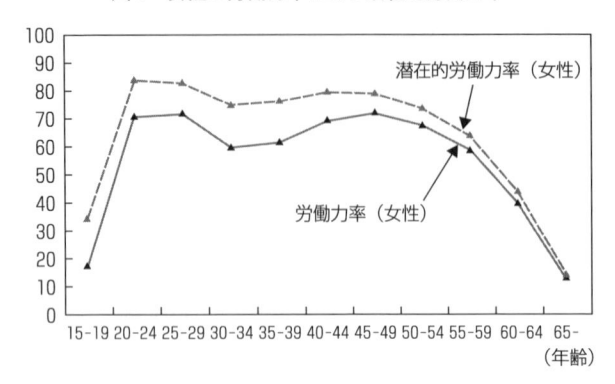

出所：内閣府（2003年）『経済財政白書（平成15年度版）』182頁。

図2　保育所の定員数と女性の有業率の相関関係

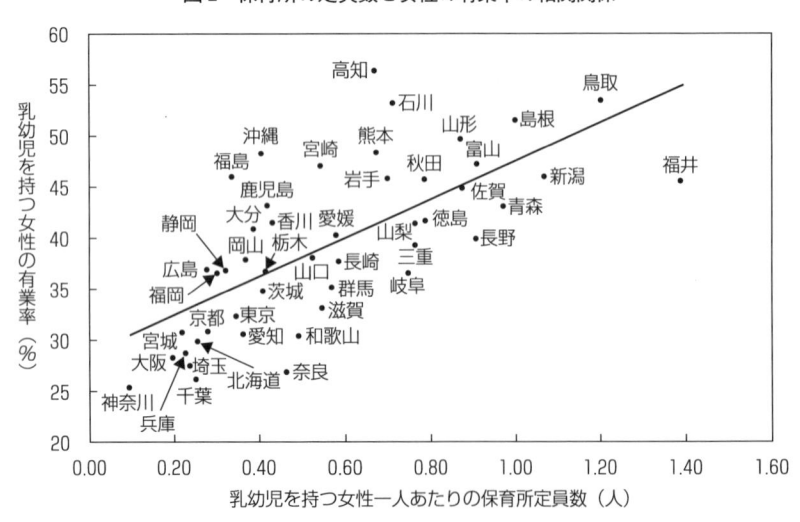

出所：内閣府（2003年）『経済財政白書（平成15年度版）』184頁。

図3　高齢者の労働力率の国際比較

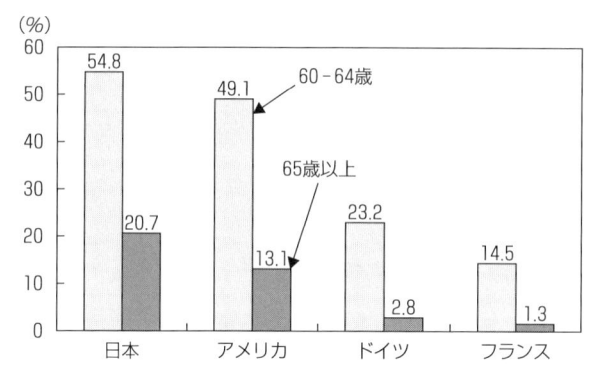

(%)
- 日本：54.8（60-64歳）／20.7（65歳以上）
- アメリカ：49.1（60-64歳）／13.1（65歳以上）
- ドイツ：23.2（60-64歳）／2.8（65歳以上）
- フランス：14.5（60-64歳）／1.3（65歳以上）

出所：内閣府（2003年）『経済財政白書（平成15年度版）』183頁。

なってきている。また，現在は働いていなくても，条件さえ整えば働きたいとする女性は数多く存在しているものと考えられる。こうした人々を「潜在的労働力率」として現実の労働力率に加えることができれば，現在危惧されている労働力不足の解消に多大な貢献をするものと期待されるのである（図1参照）。

そのためには，就業と育児との両立が可能になるための支援が早急に取られなければならないだろう。具体的には保育所の充実や休業中の賃金補償などの制度を拡充することが必要である。実際，保育所の定員数が多い地域においては女性の有業率も高いということが実証されているのである（図2参照）。

高齢者雇用の必要性

潜在的女性労働力の活用と並んで労働力人口を増加させる方策として，60歳以上の高齢者の労働力率を向上させる方法もある。年金支給年齢が65歳に引き上げられたため，60歳で定年を迎えた高齢者は，年金需給年齢の65歳までの間，収入源を失ってしまう可能性がある。仕事に通暁した高齢者の継続雇用は，こうした社会保障制度の不備と労働力人口の向上とを同時に補う方策として注目されるべきであろう。

日本における60歳以上の高齢者の労働力率は諸外国に比べて高く，高齢者雇用の活用は現実的な可能性を十分に持っている（図3参照）。高齢者自身

の就業意欲も高い。現状では受け入れ態勢が不十分なことがネックとなって高齢者の雇用は減少傾向にあるが，再考すべきであろう。高齢者雇用を促進するためには，年金の需給開始年齢である65歳までの定年引上げや継続雇用制度の導入促進などの対応が待たれているのである[13]。

3　日本の社会保障

少子高齢化における社会保障の問題点

　構造改革路線とは，持続的な経済成長と社会保障制度の継続的安定を，財政負担を減らしながら実現しようとする社会的実験であった。530万人の雇用創出計画は，不況業種から社会保障制度を補完するビジネスへと余剰労働力を移動させることによって制度自体を維持するとともに，これまで社会保障制度を支えてきた政府の役割を，民間活力の導入によって肩代わりしようとするものであった。こうした流れは，以上見てきたように，日本の労働市場の構造を大きく変化させたが，それは社会保障制度を改善させる方向に貢献したのであろうか。本節では，社会保障制度の中で，雇用に大きな影響を持つ雇用保険制度に注目して，その現代的な意義について再検討してみたい。

雇用保険における変化

　すでに見たように，構造改革による労働市場の構造変化において最も顕著であったのが正規雇用の減少と非正規雇用の増加であった。非正規雇用の増加の理由は，企業による人件費の削減である。また，基準の曖昧な「成果主義」，「能力主義」を導入する企業が増加したことによって，正規雇用における賃金低下や労働量増加ももたらされた。さらに，将来の労働市場の担い手として位置づけられるはずの若年雇用・新規採用の改善は行なわれず，「ネットカフェ難民」や「ワンコール・ワーカー」といった雇用条件の劣悪な雇用を「創出」しただけであった。

---

13)　同183－184頁。

こうした雇用の不安定化は，構造改革が掲げていた社会保障制度の充実をもたらすものではなかった。また，構造改革が目指していた「自助・自立」を可能とする労働者を生み出したのでもなかった。不安定化した労働市場に働く労働者たちは社会保障制度から排除され，低下した賃金や雇用条件は「自助・自立」など到底考えられない層を生んだのである。内閣府による「国民生活に関する意識調査」によれば，社会保障に関連して「悪い方向に向かっている分野」として「雇用・労働」を挙げた人々が40％から50％にも上っている[14]。構造改革によって成し遂げられたとする日本経済の「成長」は，雇用・労働の犠牲の下に成り立っていたということである。

　2005年4月には，雇用保険の保険料率が従来の0.7％から0.8％となり，労働者にとっての負担増が行なわれた。また，雇用保険料が，実際に給付に向けられるのではなく，雇用・能力開発機構を通じて採算を度外視した支出に向けられていたことが社会的問題となったりもしている。

　雇用保険の抜本的改正を目指した2003年5月からの雇用保険料改正は，失業手当の算定基礎となる基本手当日額および給付率の下限を引き下げた。その結果，給付率は60歳未満で従来の60％から50％に，60歳以上65歳未満で50％から45％となった。また，一般被保険者の所定給付日数も，5年以上の被保険者について30日短縮された。さらに，2005年4月の改正によって，雇用保険の保険料率が従来の0.7％から0.8％へと負担増となった。それにもかかわらず，基本手当日額はさらに引き下げられた。雇用情勢が悪化している中でのこうした雇用保険の役割の縮小は，労働市場の実態に逆行するものである。

　再就職支援のための教育訓練給付も，2007年に改正され，従来被保険者期間3年以上5年未満が20％（10万円），5年以上で40％（20万円）であったものが一律化され，被保険者期間3年以上で20％（10万円）となった。リストラが重要な人件費の削減手段となっている状況下において，5年以上の被保険者の給付率が引き下げられたことは，教育訓練給付という「再チャレンジ」の機能を自ら低下させるものであると言わざるをえない。

14）厚生労働省（2005年）『厚生労働白書（平成17年度版）』61‐62頁。

低水準にとどまる育児関連給付

　育児と就労との両立は，女性の労働力率を高めるために必要不可欠な課題であり，そのために育児休業給付の充実は急務の課題である。1995年に育児休業給付制度が創設された当初は，休業前賃金の25％の給付率であったが，2001年に40％に，そして2007年10月の改正によって50％へと引き上げられた。取得率（女性）も1996年の49.1％から年々増加し，2007年には89.7％へと上昇するにいたった。しかし，第1子の出産を機に70％もの女性が離職するという状況は，育児休業給付が育児と就労との両立に大きく貢献しているとは言い難い。それを示すように，GDPに占める家族関連給付は，日本においては0.75％にとどまっており，そのうち出産・育児休業給付は0.12％にすぎない。これは，出生率の向上に成功したとされるフランスの3.02％（出産・育児休業給付は0.34％），あるいは福祉先進国として知られるスウェーデンの3.54％（出産・育児休業給付は0.66％）と比較しても格段に低いことが分かる[15]。50％の給付率は，今後さらに増大させていくことが必要なのである。

満員の保育所の問題

　女性の労働力率の向上のためには，労働時間における保育を担う保育所の充実が重要である。保育所定員自体は2002年の196万人から2008年の211万人へと増加したが，保育所待機児童数は2002年の2.5万人から2008年の1.8万人へと7000人の減少にとどまっている。こうした子育て支援サービスは，いまだ量的にも不十分な状況が継続しているのである。潜在的な需要を考慮すると，さらなる保育所定員の拡充が必要であろう[16]。

高齢者の雇用機会の確保

　高齢者の雇用機会の確保は，女性の労働力率の上昇と並んで労働力率の向

---

15) 厚生労働省（2008年）『厚生労働白書（平成20年度版）』99頁。
16) 同98頁。

上のために不可欠な課題であることは言うまでもない。しかし，65 歳までの定年延長を行なっている企業の割合はいまだ少なく，状況は依然として厳しいと言えよう。2005 年 8 月から実施された高齢者雇用継続給付の引き下げを見るにつけ，実効性のある対策が行なわれているとは言えず，今後，国や企業が積極的に改善のための努力を行なっていく必要がある分野であろう[17]。

4　おわりに

　構造改革は，バブル経済崩壊以降の「失われた 10 年」と呼ばれる長期的経済不況への対応として推進されてきた。これまで政府が財政支出を伴いつつ行なってきた社会保障機能をも市場に委ねることこそ，財政破綻を回避し経済を回復する方策であると考えられてきたのである。市場機能を万能視するこうしたいわゆる新自由主義的潮流は，日本だけではなく世界中で展開された「グローバル・スタンダード」であると信じられてきた。しかし，2007 年にアメリカで起こったサブプライム問題は，こうした「グローバル・スタンダード」が誤りであったことを示している。たしかに経済成長に関しては戦後最長を記録し，このことは構造改革の成果であったと喧伝された。しかし，すでに述べたように，それは多くの国民にとって，まったく実感を伴わないものであった。それは，人々の生活を支える労働が不安定化し，それに伴い社会保障機能も弱体化したからであった。

　2008 年になると経済不安は全世界に拡大し，日本においても非正規雇用の解雇が相次ぐにいたった。ここにいたって，構造改革による経済成長は，雇用の非正規化，正規雇用における賃金引き下げなどの人件費削減による生産コスト削減によって成し遂げられたものであったことが明らかになった。雇用の不安定化は経済基盤そのものを弱体化させるのである。

　今こそ，派遣型労働の規制緩和を見直し，非正規雇用の正規化や社会保障を正規労働者なみにするなどの対策が急務であると思われる。さらには，雇用訓練の充実を通じたニート・フリーター対策，女性労働力の活用，高齢者

---

17)　同 113‒115 頁。

雇用の促進など，従来不十分であった分野において地道な対応を行なっていくことが，労働市場の安定化に寄与し，ひいては日本経済の持続的成長につながっていくものと考えるのである。

第6章　韓国における社会保険の危機と改革
―― 社会保険の死角と「分断された」福祉国家？ ――

金　淵明

1　はじめに

　1800年代後半，ドイツのビスマルクによって，初めて法制化された社会保険制度は，一世紀近くの間，公的扶助制度とともに福祉国家の中核をなす制度として機能してきた。しかしながら，1990年代に入り，社会保険制度が誕生したヨーロッパを中心に，社会構造の変化によってもたらされた社会保険制度の危機の深化に伴い，その再編を求める声が登場し始めた (Clasen 1997)。社会保険制度の危機に注目する見方は，社会保険の正常な機能を可能にした，産業社会の構造変化と密接に関連している。社会保険は，典型的な産業社会，すなわち，大規模の均質な労働力と低失業率，若年者が相対的に多い人口構造，そして，男性家長モデルをベースにして機能していた。しかしながら，高失業率，非正規労働者の増加，高齢化，そして，女性の労働市場への参入の増加等によって特徴付けられる後期産業社会の到来に伴い，社会保険に重点を置く伝統的な社会福祉システムは，根本的な再編の議論を呼び起こしている (ILO 2000; Esping-Andersen 1999)。

　韓国は，社会保険が福祉制度の中核をなす福祉システムをもっており，その導入の時期は他の国に比べ遅れたが，発展のスピードは非常に速かった (Kim 2006: 4-10)。韓国の社会保険制度は，1960年代，西欧の福祉国家におい

て定着した社会保険制度の導入とともに本格的な制度的仕組みが構築され始め，1989 年には，国民皆医療保険が，1997 年には国民皆年金保険が導入され，2000 年代初頭，産業災害補償保険（以下，産災保険）と雇用保険の適用がそれぞれ被雇用者 1 人以上の職場にまで拡大された。すなわち，韓国の社会保険は，約 40 年で，少なくとも法律的には，ほとんどの人口をカバーする，社会福祉システムの中核をなす制度に成長した。しかしながら，韓国の社会保険は，その速い成長のスピードにもかかわらず，人口の相当の部分を社会保険から排除してしまう「社会保険の死角」の問題を依然解決していない。国民年金の場合，加入者全体の約 30 ％が保険料を滞納しており，非正規労働者の場合，約 70 ％が社会保険から排除されている。このように，社会保険における実質的な国民皆保険が達成されていない状況で，1997 年 IMF 外国為替危機以降顕在化しつつある労働市場の両極化と 2000 年頃からより深刻になりつつある少子高齢化等の後期産業社会的現象は，韓国の社会保険における社会保険の死角の問題の解決をより困難にしている。後述のように，韓国の社会保険は（保険料の）納付がなければ受給の権利が与えられない，厳密なビスマルク式制度である。そのため，労働市場の両極化等により，納付ができない低所得者が増えるほど，社会保険のリスク分散機能は弱まるという問題がある。現在，韓国は労働市場及び人口統計的指標が社会保険制度の正常な機能にとって不利な方向に変化しつつあるが，厳密なビスマルク式社会保険方式を積極的に改革するための措置が取られていないため，社会保険のリスク保護機能が危機に瀕している。韓国社会の構造変化と社会保険の制度的特徴の衝突によって顕在化しつつあるこの危機の核心は，持続して拡大する社会保険の死角[1]である。

このような背景の下，本章では，納付と受給を厳密に結びつけるビスマルク方式の社会保険制度を緩和しなければ，死角問題の解消は困難になり，引

---

[1] 韓国で使われている社会保険の死角という言葉は，社会保険の適用対象になるべきであるが，その対象から除外されたり，あるいは，法律的には適用の対象であるが，長期間保険料を滞納したため，受給権が与えられない人口集団を指す。同じ意味であるとは考えられないが，日本で使われている社会保険の空洞化という用語が韓国の「死角」と似たような意味であると考えられる。

いては，韓国の福祉国家は，社会保険の保護を受ける階層とそうではない階層に両極化される「分断された」福祉国家（a divided welfare state）になる可能性が高いという点を指摘したい。

2　「新社会リスク」と社会保険の限界

社会保険は，制度導入の初期においては，主に現場（生産職）労働者に発生する病気，産業災害，高齢等による，いわゆる所得喪失のリスクに備えるための制度であったが，徐々にそれによってカバーされる対象者と社会的リスクの範囲が広がった。1952年，国際労働機構（ILO）において締結された「社会保障の最低基準に関する条約」は伝統的な社会保険がカバーする危険の典型的な例を示しているが，この条約においては，社会的リスクの範疇と社会保障給付が9つに分けられている[2]。このような9つの社会的リスクとそれに備えるための社会保障制度の給付はフォーディズム的生産様式の下において，賃金労働者の生活を脅かす最も「典型的な」社会的リスクである無所得への備えであり，第2次世界大戦以降に完成したヨーロッパの「古典的」福祉国家はこのような「旧社会的リスク（old social risks）」の範疇を中心に成立したのである。社会保険制度をその中核とする「伝統的な」社会的リスクへの集団的対処体制としての古典的福祉国家は，1950年代と1970年代のはじめ頃まで，いわゆるフォーディズム体制における「福祉国家の黄金期」と呼ばれる全盛期を謳歌したが，これは，完全雇用，標準的な労働者としての男性正規職労働者，男性が主な扶養者になる核家族モデル等の経済，社会的特徴に基づいていた（Taylor-Gooby 2004）。

しかしながら，1970年代半ば以降においては，「後期産業社会」あるいは「ポスト・フォーディズム」と呼ばれる，資本主義の変化が現われ，社会的

---

[2]　「社会保障の最低基準に関する条約」において設定されたリスク範疇と給付の詳細については ILO（1984）参照。9つの給付は，病気に備えるための現物給付，出産と病気による所得喪失のリスクに備えるための傷病給付（sickness benefit）と出産給付，失業に備える失業給付，児童養育費におけるリスクに備えるための家族給付，産業災害に備える雇用災害給付，そして，障害，老齢，主な扶養者の死亡によって遺族になった場合に備える障害，老齢，遺族給付である。

危険の管理体制としての「古典的」福祉国家は多様な変化の圧力に晒されるようになる。すなわち、資本主義体制において、累積した変化は「社会福祉システムのベースになっている様々な仮定がもはや妥当ではなくなり、また、人口のほとんどの部分にそれが適用されなくなる」(ILO 2000: 31) 状況をもたらした。結局、資本主義体制の経済、社会的変化が、福祉国家の経済、社会的基盤を揺らし、「旧社会的リスク」とは異なる「新しい社会的リスク (new social risks)」をもたらし、伝統的な社会的リスクを管理するシステムであった古典的福祉国家はその存続の可能性が疑われる「危機」と「再編」の状況に追い込まれるようになる[3]。

西欧資本主義社会の後期産業社会への転換は、古典的福祉国家の裏づけになっていた様々な経済社会構造における変化をもたらし、古典的社会保険の仕組みではカバーしにくい新しい社会的リスクをもたらしたが、その中核をなす3つの要素は、労働市場構造、人口・家族構造、そして、性別による役割分担の変化である[4]。第1に、労働市場構造の変化は、「福祉国家の黄金期」においては浮き彫りにならなかった高失業率の持続、長期失業者の増加、非正規職労働者の増加、若年失業の問題を浮き彫りにした。社会保険制度がリスク分散機能を最もよく発揮できるような条件は完全雇用である。すなわち、ほとんどの労働者が職に就き、安定的に保険料を納めないと、一部の労働者が社会的リスクに晒された場合、財政的危機をもたらさずにそのリスクに対処することは不可能になる。しかしながら、ほとんどの国において、1980年代と1990年代に10％程度の高失業を経験している。1年以上の長期失業者の割合は、スウェーデンにおいて1980年の5.5％から1997年には29.6％にまで上昇するなど、ほとんどのヨーロッパ諸国における若年失業率は成人失業率より2倍から3倍程度高い (ILO 2000: 43-44)。また、既に労働市場に参入している成人労働力も労働市場の柔軟化による職業安定性の低

---

3) 1980年代と1990年代に猛威を振るった「福祉国家危機論」あるいは「福祉国家再編論」はこのような文脈において提起されたものである。例えば、Giddens (1994: 174) は、「福祉国家は既存の形ではもはや生存できない」と確信に満ちた分析をしている。

4) ここでの記述は、以下の文献を参考にした。ILO (2000: 31 - 50), Erskine and Clasen (1997: 242 - 247), Esping-Andersen (1999: 145 - 169), Taylor-Gooby (2004: 2 - 5)

下に伴う生活の安定性の低下によって安定した生活すら脅かされている。このような労働市場構造の変化は，保険料を主な財源にし，保険料の納付と給付を厳密に結びつける社会保険制度のリスク保護機能を弱める主な要因になっている。

　第2に，家族構造の変化と高齢化がもたらす，新しい社会的リスクである。ビスマルク式社会保険は，伝統的な核家族モデル，すなわち，家庭が安定しており，男性が扶養者の役割を担い，女性は家事労働を担当するモデルを前提に設計されたものである。しかしながら，西欧社会において，核家族はもはや有力なモデルではない。アメリカの場合，世帯全体の中，1960年代には9％に過ぎなかった片親世帯が1988年に23％に増え，イギリスの場合，同じ期間に6％から13％に増えた（ILO 2000: 33）。また，家族の解体は，世帯における所得の減少を意味する。子供の保育問題を社会全体として解決できなければ女性の労働市場への参入の機会が制限され，所得の低い非正規職の女性は社会保険が提供するリスク分散の恩恵から排除される。高齢化は，従来では個人と家族内の問題にすぎなかった「ケア」を社会的な問題にしてしまった。「ケア」には，医療的な側面と日常生活的な側面がある。伝統的な社会保険は主に医療的な側面に対処してきたが，高齢者医療費の急増により，健康保険制度をめぐる財政的緊張が高まってきている。日常生活的な側面の「ケア」は，伝統的な社会保険制度においてはカバーされていなかった新しい社会的リスクであり，これに備えるための新しい保険制度（例えば，高齢者療養保険）の必要性が高まっている。

　第3に，ジェンダーに関連する構造と認識の変化である。伝統的な社会保険制度において，女性は，常に，扶養者としての男性に従属する被扶養者とされていた。「産業社会は，近代的封建社会」というウルリヒ・ベック（Beck 1997: 180‐185）の命題は，女性を被扶養者とする社会保険においても妥当な命題である。社会保険制度は，労働市場への参入を重要な前提条件とするため，労働市場への参入によって不利益を被る女性は，社会保険のリスク分散という機能からも不利益を被ることになる。女性の経済活動が増大するが，それがパート，契約職等の非正規職に集中するため，女性にとっての社会保険の恩恵は大きく制限される。社会保険制度をはじめとした福祉国家プ

ログラムが，トータルとして女性に不利な形になっているというフェミニズムの観点は，社会保険をはじめとした既存の福祉システム全体の再編を求めている。

このような，西欧の福祉国家において現われた，後期産業社会への移行と新しい社会的リスクの中，韓国の社会保険における死角の問題と最も強い関連のある問題は，労働市場構造の変化，特に，非正規職等，雇用形態の多様化と所得分配構造の悪化である。次節においては，この問題を検討し，これが，韓国における社会保険の死角問題にどのような影響を及ぼしているかを考える。

3 韓国における労働市場構造の変化
──「両極化」と低所得層の増加──

韓国の労働市場は1997年，IMF外国為替危機以来，急激な変化を経験しつつある。これを象徴する言葉として「両極化」がある。労働市場の両極化は，様々な指標によって確認できるが，社会保険の死角との関連においては，雇用構造の両極化，非正規職労働者の増加，そして，所得分配構造の変化である。このような指標が重要な意味をもつ理由は，韓国における4つの社会保険制度すべてにおいて，保険料の納付をしないと給付権が与えられない構造になっているため，非正規職労働者等，低賃金労働者層の増加は，自然に納付者に対する経済的負担の増大につながり，納付の回避につながる可能性が高まる。それにより，社会保険の死角が広がる可能性が高くなるためである。

まず，雇用構造の両極化とは，高所得職種及び低所得職種における雇用の増加と中間所得職種における雇用の減少を意味する。図1は所得を10段階に分け職種を分類し，1993年から2000年までの韓国の労働市場において，賃金水準によって雇用構造がどのように変化したかを示している。この図によると，1993年から2000年までの7年間，所得5段階と6段階に該当する中間所得職種は約27万程度減少した。一方で，低賃金職種である1,2段階に該当する職種と高賃金職種の9,10段階に該当する職種はそれぞれ62万,

図1 所得別（10段階）の雇用の増減（1993-2000）

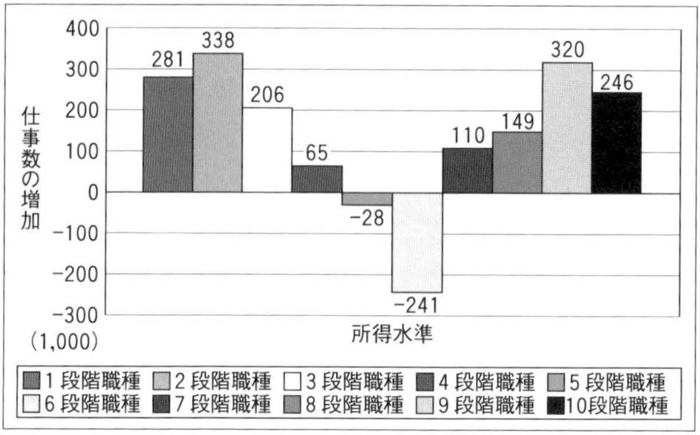

縦軸：仕事数の増加（1,000）
横軸：所得水準

- 1段階職種：281
- 2段階職種：338
- 3段階職種：206
- 4段階職種：65
- 5段階職種：-28
- 6段階職種：-241
- 7段階職種：110
- 8段階職種：149
- 9段階職種：320
- 10段階職種：246

出所：チョンほか（2006）。

56万程度増えている（チョンほか 2006）。すなわち，中間所得職種は減少したが，低所得職種と高所得職種は著しく増えている。低所得職種の増加は，そのほとんどが低賃金非正規職の増加であると推定され，特に，女性がその大半を占めている。

所得水準の低い非正規職労働者の増加は，1997年，IMF外国為替危機以降における韓国の労働市場構造の変化を示す非常に重要な指標の1つである。韓国の非正規職に関する「付加調査」が実施された2000年の非正規職労働者の数は，約758万人で，賃金労働者全体の58.4％であった。正規職労働者は539万人で，賃金労働者全体の41.6％を占める。最近の「付加調査」資料によると，2008年3月現在，非正規職労働者は賃金労働者全体の約53.6％を占め，割合としてはやや減少したが，数としては858万人で，8年ぶりに約100万人近く増えている（キム・ユソン 2008）。ここで，社会保険の死角に関連し，意味のある指標は非正規職労働者の賃金水準である。2008年の資料によると，賃金労働者全体の平均所得は181万ウォンである。しかしながら，非正規職労働者の平均所得は124万ウォンで，正規職賃金労働者平均所得247万ウォンの50.3％に過ぎない（キム・ユソン 2008）。このように，正規職労働者の賃金所得の半分に過ぎない非正規職労働者の賃金水準は，2000年の付加調査以降においても大きな変化がないまま現在に至っている。

表1　世帯全体の貧困率の変化

(単位：%)

	政策貧困ライン	相対貧困ライン		
	最低生活費	中位所得40%	中位所得50%	中位所得60%
1996	3.1	4.6	9.0	14.7
2000	8.2	8.2	13.4	19.4
2003	10.4	10.7	16.0	21.8
2006	11.6	11.9	16.7	22.4

出所：イほか（2006: 61）。

　このような非正規職労働者の低い賃金水準の下では，国民年金，医療保険等の社会保険料納付への負担がさらに重くなる場合，労働者と経営者の共謀による納付の回避（contribution evasion）の可能性が高まることが考えられ，これが非正規職労働者に関連する社会保険の死角を広げる可能性があるといえる。

　非正規職労働者を中心にした低賃金労働者の増加は，貧困層の規模にも影響を及ぼしている。1996年以降，10年間の貧困率の変化を分析した**表1**によると，世帯所得が最低生活費以下である絶対貧困世帯の割合は，1996年においては世帯全体の3.1％から，2000年には8.2％に増え，2006年には，11.6％まで増えた（ヨほか 2005: 133）。これは，韓国においては，10世帯の中，1世帯が絶対貧困の状態に置かれていることを意味する。特に，絶対貧困層の中でも，ワーキングプア層の増加も目立つ。ワーキングプア層は絶対貧困層の約50％を占めると推定されており，彼らは常に貧困の状態に陥っているというより，周期的，反復的に貧困を経験している。所得が中位所得の50％以下の世帯を相対貧困世帯とした場合，相対貧困率は1996年の9.0％から2006年の16.7％に，ほぼ倍近く増えたと推定される。このような貧困層の増加は，社会保険料の納付に負担を感じる階層が増えつつあることを意味すると考えられる。

　ここまで検討した労働市場構造の両極化は，比較的均質な賃金労働者の存在を前提に設計された韓国の社会保険制度の問題点をより深刻なものにしている。低賃金層と非正規職労働者の増加に象徴される労働市場構造の両極化

は，社会保険料の納付が困難な階層が増えることを意味する。すなわち，国民年金，雇用保険等において既に存在している大きな死角を温存させ，既存の保険加入者にも更なる保険料の負担増を感じさせ，社会保険から退出する誘因を強めさせる可能性がある。

4　韓国における社会保険の特徴と死角

韓国における社会保険制度の特徴：納付と給付の密接な結びつき

社会保険制度は国によって様々な制度的特徴があるため，その制度に固有の属性が何なのかについては様々な見解がありうる。例えば，社会保険の場合，所得比例で運営されるビスマルク式社会保険は，納付と給付が非常に密接に結びついており，生活維持機能を目的とするが，定額納付制で運営されるベバレッジ方式の社会保険制度は納付と給付の結びつきは弱いが，貧困防止機能に重点が置かれている（Bonoli 1997: 356-9）。この観点から考えると，韓国の4つの社会保険は，所得比例の保険料が課され，給付も所得比例であるという点で，ビスマルク式の社会保険制度の特徴があると考えられる。もちろん，韓国の社会保険制度がビスマルク式の社会保険制度であると言っても，エスピン＝アンデルセンが中部ヨーロッパ諸国の特徴として挙げた職種別社会保険制度とは異なる職種統合型保険制度，すなわち，統合方式医療保険制度であるため，職種ごとに分離，運営されているヨーロッパの社会保険制度と日本のビスマルク式社会保険制度とでは異なる特徴がある[5]。

職種別社会保険制度ではない，職種統合型社会保険という特徴を別にすれば，韓国の社会保険制度の特徴は納付と給付の受給権が密接に結びついているという制度的特徴がある。納付と受給権の結びつきは，言い換えれば，所得を得ている人が社会保険への加入対象になり，この加入者が保険料を納付

---

[5]　韓国は医療保険制度が職種別方式で設計されているが，2000年代はじめ頃，完全統合され，現在職種別医療保険制度はない。産災保険と雇用保険も単一の保険制度として運営されている。公的年金の場合，公務員，軍人，私学教職員等が別の職種制度として運営されているが，他の人口集団が国民年金単一制度として統合されているため，職種別保険制度としての特徴は非常に弱い。これについては，Kim（2006: 4-10）参照。

する場合に限り，受給権が認められるということである。韓国の健康保険の場合，3か月以上保険料を滞納すると受給権が制限され，国民年金の場合，10年以上保険料を納付しないと受給権は得られない。雇用保険においても，6か月以上保険料を納付しないと受給権は得られない。通常，年金制度においては，出産・育児のための休職期間が保険料納付期間として認められるクレジット制度があるが，韓国の年金制度においては，その期間が短い。韓国の国民年金においては，2008年から兵役に努めた期間と6か月，そして，第2子を出産した場合，12か月（第3子の場合は30か月）程度しか保険料納付期間として認められておらず，ほとんどの国において認められている育児休職期間については，韓国では未だ保険料納付期間として認められていない。

このように，韓国の社会保険制度においては，納付と給付を厳密に結びつけるビスマルク式の特徴があるため，労働市場の両極化が進むと，労働市場の下層に位置する人口集団は非常に不利な状況に置かれる可能性が高い。すなわち，低賃金労働者や低所得層の場合，保険料納付による可処分所得の減少を懸念し，切羽詰っていない社会的リスク（例えば，高齢年金）に備えて保険料を納付する誘因は非常に弱くなり，これが社会保険の死角を温存させ，社会保険の社会的保護機能の弱体化につながる。次節においては，韓国の社会保険の死角の特徴について検討する。

雇用形態と社会保険の死角

韓国の社会保険の死角についての具体的な分析に入る前に，死角の特徴を雇用形態別に概略的に示せば，図2のようになる。この図によると，非賃金労働者には適用されない産災保険と雇用保険を除けば，韓国の労働市場における正規職労働者はほとんど4つの社会保険の適用を受けており，公式部門の自営業者もほとんどの場合，国民年金と健康保険の適用を受ける。問題は図2の網のかかっている部分のように，非正規職労働者，そして，主に，農漁村及び都市部の低所得世帯が4つの社会保険の死角に入っていることがわかる（農漁村及び都市部の死角については後述する）。特に図2からわかるように，非正規職労働者の社会保険からの排除は，韓国の社会保険制度の最も弱い部

図2　韓国における社会保険制度の職種別の適用排除概念図（2008年）

職業群		公的年金			健康保険		産災保険			雇用保険		
賃金労働者	公務員・教員軍人	公務員年金	私学年金	軍人年金	正規職	非正規職	個別年金制度でカバー			正規職	非正規職	非正規職
	事務職	正規職	非正規職	非正規職			正規職	非正規職	非正規職			
	現場労働者											
非賃金労働者	農漁民											
	都市住民											

注：(1) 網のかかっている部分が社会保険から排除された死角を意味する。
(2) 太い線は各制度が職種を分離する境目を意味する。
(3) 実線は職種を分離する境目ではなく，通常の職種の区分を意味する。

分であるといえる。

　非正規職労働者[6]の社会保険からの排除は，韓国の社会保険の死角という文脈における最も重要な部分である。**表2**からわかるように，正規職労働者のほとんどが国民年金と健康保険の適用を受けており，雇用保険も，80％以上の正規職労働者に適用されている。正規職労働者の雇用保険適用率が他の社会保険に比べて低い理由は，職業安定度の高い公共部門において雇用保険が適用されていないためである。一方，非正規職労働者の場合，最近，適用率が高まりつつあるが，国民年金，健康保険，そして，雇用保険においてその割合が30％を少し上回っているだけで，あまり大きな進展はなされていない。しかしながら，2004年から非正規職労働者への社会保険の適用率が30％台まで上昇したのは，非正規職労働者の労働条件差別問題が大きな社会問題になり，非正規職労働者への社会保険適用率を上げるべく，適用を受けるための最短雇用期間の短縮等の措置が取られたからである（これについては後述する）。

　もちろん，**表2**に示された，30％台という非正規職労働者への社会保険

---

[6] 韓国における非正規職労働者は通常，臨時労働者（長期臨時労働，期限付き労働）がほとんどである。西欧や日本において，非正規職のほとんどを占めるパート労働者は，韓国では非正規職労働者全体の8.1％であり大きくない。

表2 非正規労働者の社会保険適用状況

(単位：%)

		2001	2002	2003	2004	2005	2006	2007	2008
国民年金	正規	92.7	92.3	94.8	96.6	98.0	98.2	98.7	98.3
	非正規	19.3	21.6	25.4	30.3	32.8	33.6	33.3	33.4
健康保険	正規	94.8	94.6	95.8	97.3	98.3	98.4	99.3	98.3
	非正規	22.2	24.9	27.8	33.0	33.4	34.5	35.0	35.8
雇用保険	正規	80.0	79.1	78.0	80.5	81.6	82.9	82.6	81.7
	非正規	20.7	23.2	25.0	29.7	30.7	31.5	32.2	33.0

出所：キム・ユソン（2008）。

の適用率は実際より過小評価されている点に注意が必要である。国民年金と健康保険においては職場加入者として加入できない場合，地域加入者として加入できる。表2の非正規職労働者の加入率30％台は，非正規職労働者が職場加入者として国民年金と健康保険に加入した割合である。職場加入者として国民年金に加入できなかった非正規職労働者は地域加入者として加入でき，同じように，健康保険に職場加入者として加入できなかった非正規職労働者は地域加入者として登録するか，他の世帯構成員の被扶養者として健康保険の適用を受けることができる。もちろん，非正規職労働者が地域加入者として国民年金と健康保険に加入する場合，保険料を全額本人が負担しなければならないため，大きな経済的負担を伴う。例えば，非正規職労働者が，職場加入者として国民年金に加入すると，月額の保険料率は9％の半分である4.5％を本人が負担すれば良いが（残りの4.5％は経営者が負担），地域加入者として加入した場合は9％全額を本人が負担しなければならない。言い換えれば，非正規職労働者が国民年金と健康保険に職場加入者として加入できない場合，保険料の負担が大きく増えるため，社会保険の死角から抜け出すことができなくなる可能性が高くなる。

表3においては，非正規職労働者が職場加入者以外の資格で国民年金と健康保険に加入した割合を示しているが，国民年金の場合，非正規職労働者の15.7％が地域加入者として登録しており，約45％の非正規職労働者が国民年金に加入していることがわかる。これは，表2における適用率33.4％よ

表3 非正規職の社会保険実質適用率(2008)

(単位:%)

	国民年金			健康保険					全体
	未加入	職場加入者	地域加入者	未加入	職場加入者	地域加入者	医療給付	職場加入者被扶養者	
正規職	1.1	98.3	6.5	0.1	98.3	1.3	0.0	0.3	100.0
非正規職	55.0	33.4	11.7	15.7	35.8	32.8	2.0	13.7	100.0

注:健康保険の医療給付は公的扶助によって提供される無納付医療給付を意味する。
出所:キム・ユソン(2008)。

り高く,55%は依然国民年金に加入していないことがわかる。健康保険の場合,地域加入者として加入した割合が32.8%,そして,他の世帯構成員の被扶養者として登録された割合が13.7%であり,実際,非正規職労働者の健康保険加入率は約84.3%である。すなわち,健康保険の場合,医療リスクという特徴もあり,国民年金に比べ,地域加入者か被扶養者として登録し,健康保険の適用を受ける割合が高い。しかしながら,前述のように,地域加入者として健康保険に加入した場合,経営者に保険料の50%を負担してもらえないため,その分,追加的な負担が生じる。

ここまで,韓国における社会保険の死角の特徴を,主に,非正規職労働者を中心に検討してきた。次節では,死角の特徴を,国民年金と健康保険を中心に個別制度的な観点から検討する。

5 国民年金と健康保険における死角

国民年金における死角

国民年金は,公務員,軍人,私立学校教職員年金加入者を除く,全国民が加入の対象になる,韓国における最も重要な老後所得保障制度である。国民年金は,大別して,職場加入者と地域加入者の2種類に分けられる。職場加入者については,法律的には1人以上を雇っている全ての職場において加入しなければならず,職場加入者の資格を持たない人は地域加入者として加入しなければならない。地域加入者の中で,所得があると届け出た人は所得水

表4 国民年金加入者及び納付例外者の状況

(単位:千人)

		1999	2000	2001	2002	2003	2004	2005	2006
合計 (A+B+C)		16,261	16,095	16,132	16,293	16,923	16,699	17,083	17,698
職場加入者 (A)		5,238	5,766	5,952	6,288	6,959	7,581	7,927	8,577
地域加入者	所得申告者(B)	5,309	5,973	5,704	5,754	5,399	4,490	4,440	4,156
	納付例外者(C) (%)	5,512 33.8	4,446 27.6	4,476 27.7	4,251 26.1	4,565 27.0	4,628 28.0	4,665 27.3	4,916 27.8

出所:国民年金管理公団「国民統計年報」各年度版。

準に応じて9%の保険料を納付し,所得なしと届け出た人は,**表4**からわかるように,保険料納付例外の申し込みができる。職場加入者は保険料が給料から源泉徴収されるため,長期間にわたって滞納する可能性は非常に低く,実施保険料徴収率は99%に達している。すなわち,職場加入者は最低加入期間10年を満たせないことがあまりないと考えられ,そのため,年金の死角に陥る可能性は非常に低い。

年金における死角は主に,地域加入者の問題である。**表4**は,都市部の加入者に国民年金が拡大適用され,形式的には国民皆年金の時代に入った1999年以降の国民年金加入者のデータである。当初,職場加入者は5人以上の被雇用者をもつすべての職場が加入の対象になっていたが,2002年以降,少数の職員を雇っている自営業者とその就業者をすべて職場加入者に転換したため,加入者数が大幅に増えた。所得申告者数が毎年減少する理由としては2つの複合的な理由,すなわち,一部の自営業者が職場加入者に転換されたこと,そして,所得の減少によって納付例外者への資格変更を申し込んだことを指摘できる。表4の納付例外者は所得なしと届け出,保険料を継続的に納付していない場合であるが,割合で見ると,2000年以降,全体加入者の約27%程度に止まっており,大きな変化はない。その数は2000年に約445万人から2006年には約492万人へと,約47万人増えた。彼らは,最短加入期間10年を満たす可能性は非常に低いため,確実に年金の死角に陥っている。

納付例外者の特徴を見ると,ビスマルク式年金制度の下,彼らが死角に陥

らざるを得ない理由を推測できる。納付例外者のほとんどは失業者，零細自営業者，そして，低所得労働者であると推測できる。2004年の場合，納付例外者全体の468万人の中，納付例外理由として最も多かったのは「失職」であったが，これが72.2％の約338万人である。（自営業者の）廃業による納付例外者も44万人で9.3％であり，「失職」を含めるとほとんどが経済的理由による保険料納付の例外申請であることがわかる（国民年金統計年報 2004: 144）。すなわち，前述の労働市場の両極化と低所得層の増加が国民年金における大きな死角の温存と密接に結びついていることがわかる。また，所得申告者の中にも実際には保険料を納付していない人がいるため，彼らを合わせると国民年金の死角に陥っている人口は500万人を越えると推定されている。

健康保険における死角

　健康保険は，短期保険としての特徴があり，医療のニーズも随時発生するという特徴があるため，国民年金に比べ，死角はあまり広くはない。通常，韓国における健康保険の死角は保険料の滞納により，健康保険の適用が受けられない，3か月以上の保険料長期滞納者の数を意味する。もちろん，保険料を長期間にわたって滞納しても，滞納した分を一括払いで納付すれば健康保険の適用を受けることができるため，国民年金の死角とは意味が異なるかもしれない。**表5**においては，2000年以降，健康保険料を3か月以上滞納した世帯の割合を示しているが，2002年に保険料滞納世帯の免除等の措置が取られ，滞納世帯の割合がやや減少したが，2006年には199万世帯に増え，健康保険加入世帯全体の25％が長期滞納世帯になっている。すなわち，健康保険加入世帯4世帯のうち，1世帯が保険料の長期滞納によって，健康保険の適用を受けることができない状態に置かれている。**表5**においてもっと重要なことは，滞納世帯の割合が継続的に一定の割合を維持しているという点である。

　健康保険において，長期滞納者がなぜこのように多いのかについては，滞納世帯を対象にしたアンケート調査の結果から明らかになっている。**表6**は，平均17か月間保険料を滞納した世帯を対象にした，健康保険料を滞納した理由についてのアンケート調査の結果である。調査対象の484世帯の64.9

表5 健康保険料を3か月以上滞納した世帯

(単位：万世帯，%)

	2000	2001	2002	2003	2004	2005	2006
滞納世帯	190	161	136	156	191	195	199
比率	23.0	19.0	15.0	18.0	23.0	23.0	25.0

注：地域健康保険加入世帯全体に占める
　　滞納世帯の比率
出所：国民健康保険公団内部資料

表6 健康保険料を滞納した理由

理　　由	数	%
滞納していることを知らなかったから	48	9.9
保険料が高すぎるから	65	14.0
生活費が足りないから	314	64.9
住所と実際住んでいるところが違うため保険料の通知が届かなかったから	17	3.5
保険料を納める必要がないと思っていたから	8	1.7
その他	29	6.0
合　　計	484	100.0

出所：カムシンほか（2007：54）。

％が，「生活費が足りないから」保険料を滞納したと答えている。「保険料が高すぎるから」滞納したとの回答も14％である。すなわち，滞納世帯のほとんどが実際保険料を納付する経済的余力のない低所得層であるといえる。これは，少なくとも低所得層にとっては，納付と給付を厳密に結びつける韓国の社会保険制度が社会的リスクを保護する装置としてうまく機能していないことを意味する。

6　死角への対処戦略

1997年，IMF外国為替危機以降，急速に進んだ韓国の労働市場の両極化は，ここまでの検討からもわかるように，国民皆社会保険の実質的な完成に

とっては大きな障害要因になっている。このような労働市場の両極化に伴う死角問題に対処するため，韓国政府は次の3つの戦略をとってきた。

第1に，納付と給付を厳密に結びつけたまま，地域加入者として分類されてきた社会保険加入者を，職場加入者に転換し，死角を減らそうとする政策的方向である。保険によって異なるが，2000年代初め頃から行なわれたこのような政策の内容は，零細な職場の労働者と5人以上の被雇用者をもつ職場の非正規職労働者を職場加入者に転換しようとするものであった。たとえば，社会保険の職場加入者の認定基準を，5人以上の職場から1人以上の職場に拡大し，最低就業期間の基準も3か月未満労働者から1か月未満に，また，「時間制（パート）労働者」の基準も，「月80時間未満の労働者」に，職場加入者の認定基準を緩和することによって，職場加入者の範囲を広げようとしたのである。この政策の効果は，社会保険における職場加入者を増やすことによって，**表2**で見るように，非正規職労働者の社会保険加入率が2000年代初め頃の20％台から2006年には30％台に増えたこと，そして，**表3**で見るように，国民年金の職場加入者が増えたことによって証明されたといえる。

しかしながら，この政策はその限界も明らかであるが，すでに検討したように，国民年金と健康保険から排除される人口集団があまり減少していない。短期保険である健康保険の場合，既存の保険の仕組みを維持しつつ，長期滞納世帯の所得，資産状況を調べ，生計を営む能力がないと判断された場合，保険料を免除するか，一時的に猶予することによって，医療保険の適用が受けられるようにする制度の導入も進められたことがあった。しかしながら，低所得層の増加のスピードと数を考慮すると，実効が上がる政策にはなりにくいと考えられる。**表5**からもわかるように，健康保険滞納世帯の割合が最近になってさらに増えているのもそれを証明していると考えられる。

第2に，社会保険行政の管理体制の改革を通じて社会保険の死角を減らそうという政策的方向である。この政策のアイディアは非常に簡単である。現在，保険ごとに資格を管理し，保険料を徴収している体制を改め，1つの機関で保険料の徴収と資格管理を行なうように変えれば，1つの保険に加入している国民は他の保険にも自動的に加入できるようになるため，死角を減ら

すことができると考えられる。

　具体的には，4つの社会保険料賦課・徴収機能を各保険公団から国税庁に移すか，健康保険公団に一元化しようとするものである（キム・ヨンミョン 2001）。4つの社会保険料徴収業務の国税庁への移管関連の法案が盧武鉉政権期に国会に提案されたが棄却された。李明博現政権においては，健康保険公団に4つの社会保険料の徴収機能を統合し，移管する方向に向かいつつある。国税庁に徴収機能を移管した場合，健康保険公団に比べ，所得把握に優れており，徴収の強制力という意味においてもメリットはあるが，李明博現政権においてこれが実現する可能性は非常に低い。低所得層が増えつつある現状を考慮すると，国税庁であれ，健康保険公団であれ，一括して保険料を徴収するのは根本的な解決策にはなりにくいと考えられる。

　第3に，ビスマルク式社会保険の基本原理，すなわち，納付と給付の厳密な結びつきを薄める方向である。これは，現在，国民年金と健康保険において現われている。まず，国民年金の場合である。2007年，韓国政府は国民年金の給付水準を，40年間加入した平均所得者を基準にした年金による所得代替率60％を段階的に引き下げ，2028年には40％まで引き下げる急激な年金改革を行なった。このように，急激な年金給付額の引き下げを補い，現在の高齢者世代のほとんどが年金の恩恵から排除されており，死角に陥っている点を考慮し，新たに基礎老齢年金制度が導入された。この制度は現在65歳以上の高齢者の60％に，国民年金加入者全体の平均所得の5％を（2008年，約8万5000ウォン）手当として支給し，2028年までにこれを10％に引き上げるものである。この制度は，市民権に基づく，普遍的な年金を支給する基礎年金でもなく，一部の低所得層に支給される公的扶助のようなものでもない，非常に曖昧な制度である（キム・ヨンミョン 2007）。ただし，納付のない年金給付を提供するという意味において，伝統的なビスマルク式社会保険の原理に拘らない思い切った制度設計であるという点は注目に値する。基礎老齢年金制度がカバーできる人口を増やし，早急に10％程度の年金給付額の実現ができれば，それは，労働市場の両極化によって生じる国民年金の死角を減らす上で大いに役立つと考えられる。

　もちろん，果たして基礎老齢年金が市民権に基づいて提供される普遍的な

年金になりうるかについては，膨大な財源が必要になるということもあり，現時点では様々な見解がある[7]。たとえば健康保険においては，医療保険料長期滞納者のうち，保険料納付能力のない人口集団に，公的扶助制度の「国民基礎生活保障法」を適用し，保険料を免除する方策が議論されている。保険料滞納者が国民基礎生活保障法の適用を受けると保険料を納付しなくても健康保険の適用が受けられるようになるため[8]，医療における死角の解消に役立つと考えられる。しかしながら，この方策によると，公的扶助の対象者が増え，基礎老齢年金制度同様，公的扶助関連予算の増額につながりかねない。結局，政府の公的扶助予算の増額が前提にならなければならないが，最近数年間，公的扶助予算の増額を抑制しようとするのが韓国政府の政策的方向であるため，医療給付対象者の大幅な拡大とそれによる医療における死角の解消は，現状のままではほとんど期待できない。

7　結　論
――「分断された」福祉国家？――

韓国では1990年代に入り，後期産業社会的特徴が労働市場と人口構造において明確に現われている。特に，1997年のIMF外国為替危機以降，急激に進んでいる労働市場の両極化と人口構造の変化は，従来の韓国の福祉システムの裏づけになっていた経済社会的仮定がもはや妥当ではなくなる状況を作っている。西欧において1970年代半ば頃まで全盛期を謳歌していた「古典的」福祉国家の経験のない韓国社会において浮き彫りになった後期産業社会的特徴は，韓国の福祉システムの中核をなす社会保険制度にとって根本的なジレンマをもたらしている。すなわち，韓国は実質的な国民皆保険を達成

---

7) 現在，韓国政府は，基礎老齢年金制度を基礎年金として定着させるにはあまりにも巨額の予算が必要になるため，国民年金受給者の増加に比例し，基礎老齢年金を縮小しようとしている。
8) 国民基礎生活保障制度は，極貧層に生計給付，住居給付，教育給付，そして，医療給付を提供する，韓国の公的扶助制度である。国民基礎生活保障制度の対象者になれば，保険料の納付が免除され，若干の本人負担により，医療サービスの提供を受けることができる（これを医療給付という）ようになる。

できていない状態で労働市場の柔軟化と高齢化等の人口構造の変化に直面し，国民が社会保険の適用を受ける階層とそうではない階層に二分される現象が固着する可能性が高まっている。特に，1990年代半ば以降，急激に進んでいる労働市場の両極化と低所得層の増加は福祉システムの中核をなす国民年金と健康保険において，相当な規模の死角を作り出しており，既存の死角を固着させている。非正規職労働者と低所得層を中心に，社会保険の死角が固着する現象は，納付と給付を厳密に結びつけるビスマルク式社会保険という韓国の社会保険の制度的特徴に密接に関連している。このような状況において，社会保険制度の基本的な原理を維持したまま，死角問題を解決しようとする韓国政府の政策は，すでに検討したように，根本的な限界を持ち，政策の実効性の確保も期待できない。少なくとも，韓国の国民年金と健康保険における死角の問題との関連においては，納付と給付を厳密に結び付けるビスマルク式の社会保険の骨組みを変える必要がある。そうであるとすれば，どのような方策が考えられるのか。現時点では，国民の基礎的な老後所得保障と医療保障のために，年金と健康保険の適用が保険料の納付とは無関係に，市民権に基づいて提供される方式以外の方策は考えられない。しかしながら，そのような方策は相当の財政的負担をもたらすため，政策として実現するのは現状としては非常に困難である。基礎的な老後所得と医療保障において，市民権に基づいた給付とサービスが提供されない限り，韓国の福祉システムは，その中核をなす福祉制度である社会保険の恩恵を受ける階層と受けられない階層に国民が二分化し，固着する「分断された」福祉国家になる可能性を決して排除できない。

(尹誠國訳)

■参考文献

Beck, Ulrich 1997 *Risikogesellschaft* (ホン・ソンテ訳『リスク社会：新しい近代性に向けて』ソウル：セムルキョル)。

Bonoli, Giuliano 1997 "Classifying Welfare States: a Two-dimension Approach," *Journal of Social Policy,* 26(3).

Clasen, Jochen ed. 1997 *Social Insurance in Europe,* the Policy Press.

Erskine, Angus and Jochen Clasen 1997 "Social Insurance in Europe: adapt-

ing to change?," Jochen Clasen ed., *Social Insurance in Europe,* The Policy Press.
Esping-Andersen, Gøsta 1999 *Social Foundations of Postindustrial Economies,* New York: Oxford University Press.
Giddens, Anthony 1994 *Beyond Left and Right: The Future of Radical Politics,* California: Stanford University Press.
ILO 1984 *Introduction to Social Security,* Geneva: ILO.
ILO 2000 *World Labour Report 2000: Income Security and Social Protection in a Changing World,* Geneva: ILO.
Kim, Yeon-Myung 2006 *Towards a Comprehensive Welfare State in South Korea,* Working Paper no. 14, Asia Research Centre, LSE, UK.
Taylor-Gooby, Peter 2004 "New Risks and Social Change," Peter Taylor-Gooby ed., *New Risks, New Welfare: the Transformation of the European Welfare State,* Oxford University Press.
Taylor-Gooby, Peter. 2006 "European Welfare Reforms: The Social Investment Welfare State," East–West Center and KDI eds., "Social Policy at a Crossroad: Trends in Advanced Countries and Implications for Korea."
イ・ヒョンジュほか 2006『我が国における貧困実態と政策的含意』韓国保健社会研究院。
カムシンほか 2007『2007 低所得層医療保障強化方策報告書』国民健康保険公団。
キム・ヨンミョン 2001「非正規職労働者への社会保険の拡大：争点と政策」『韓国社会福祉学』第 45 号，韓国社会福祉学会。
キム・ヨンミョン 2007「老後所得保障のための国民年金の改革方向」参与連帯社会福祉委員会編『韓国社会福祉の現実と選択』ソウル：ナヌムの家。
キム・ユソン 2008「非正規職労働者の規模と実態：統計庁経済活動人口調査（2008.3）結果」『労働社会』2008 年 7, 8 月号，韓国労働社会研究所。
ヨユジンほか 2005『貧困と不平等の動向及び要因分解』韓国保健社会研究院。
チョン・ビョンユほか 2006『労働市場両極化と政策課題』韓国労働研究院。

第7章 韓国における社会保障支出の展望および示唆
――社会保険を中心に――

尹　錫明

1　はじめに

　社会保障制度の歴史が長い西欧先進国とは異なり，初期段階にあるといえる韓国において特定の社会保障制度の導入に伴う長期的な波及効果について分析することは簡単な作業ではない。少子高齢化の進展により，他の国では例を見ないスピードで高齢化が進んでいる韓国においては，各種社会保障制度の導入を求める声が急激に高まっている。これらの制度が導入された場合，長期的な社会保障支出に関連し，どのような波及効果がもたらされるかについての実証分析はあまり行なわれていないが，個別社会保障制度に焦点を絞った，ミクロ分析に基づいた制度の導入または拡大を求める社会的圧力だけが増大しつつある。特に，韓国の社会保障支出に関連した先行研究においては，社会保障制度の長期にわたる支出の推移より，特定の時点（たとえば，OECD SOCX の 2004 年のデータ）における各国の社会保障支出を比較したものがほとんどである。このような方法論が用いられる場合，各種社会保障制度導入の歴史が浅い韓国においては，OECD 諸国と比べた場合，社会保障支出を大幅に拡大させる必要があると結論づけることができる。

　本章は，各種社会保険制度導入の初期段階にあり，現時点での高齢化率は低いが，今後，急速に高齢化が進み，制度の成熟段階に入ると，現在に比べ，

各種社会保障支出が急激に増えると予想される韓国に関する，横断面的な分析だけでは，実態を捉えきれず，歪められた分析結果しか得られない可能性があるとの問題意識に基づいている。言い換えれば，個別社会保障制度の観点から考える場合，制度適用の普遍性，給付水準の適切さの側面においては，より寛容な方向への制度改善は欠かせないとしても，制度の成熟段階への到達以降の社会保障制度全体を想定した，長期的な制度発展の方向性を議論すれば，まったく異なる政策的示唆を得ることも可能であると考えられる[1]。

このような背景の下，本章では，韓国社会保険制度における長期支出の推移を分析する。中長期的観点からの社会保障支出の推移の分析ができるように設計されたILOの社会保障予算推計モデル（Social Budget Model）を，韓国の現実が反映されるよう大幅に修正し，長期的観点から社会保険に関連する支出の推移を分析している。本章は，国民年金，公務員年金，私立学校教職員年金（以下，私学年金），軍人年金をはじめ，診療報酬中心の保健医療給付支出の推移，雇用保険，産業災害補償保険支出の推移も分析している。

本章における議論が先行研究と異なる点は，推計方法論における一貫性や仮定や変数を当てはめ，韓国における社会保険制度の長期推計を試みた点である。通常，社会保険制度ごとに管理運営の主体が異なるため，異なる推計方法や仮定に基づいた分析によって得られた推計の結果を合算し，総支出の推移を分析した研究が多かった点を考慮すると，統合されたモデルと仮定に基づき，長期的な支出の推移を分析したという点が本章の意義である。

2　韓国における社会保険制度の概要

公的年金制度

韓国における公的年金制度は，国民を対象にする国民年金，公務員年金と

---

1) ドイツなど，公的社会保障制度のウェイトが多い西ヨーロッパ諸国は，賄うことが困難な程度の社会保障支出が国家の競争力を削いでいるという判断の下，党派にかかわらず，社会保障支出を縮小する方向に政策路線を変更している。既得権の喪失に対する利害関係者の反発にぶつかり，改革は困難を極めているが，フランスのサルコジ大統領も社会保障，特に，公共部門就業者への社会保障支出を縮小する方向へ改革を進めるという強い意向をもっている。

表1　韓国における公的年金制度の状況（2006年末現在）

区分		国民年金	特殊職域年金		
			公務員献金	私学年金	軍人年金
導入時期		1988年	1960年	1975年	1963年
所管機関		保健福祉部 （国民年金 管理公団）	行政自治部 （公務員年金公団）	教育人的資源部 （私立学校教職員 年金管理公団）	国防部 （福祉保健官室 年金課）
適用対象		18才以上60才 未満の国民	国家及び地方公務 員，裁判官，警察官	私立学校教職員	軍曹以上の 職業軍人
加入者数		17,740,000人	1,009,000人	246,000人	161,000人
年金加入者数		1,859,000人	236,000人	25,000人	65,000人
給付支出額		4兆3,600億ウォン	6兆2,203億ウォン	8,211億ウォン	1兆6,658億ウォン
基金	累積基金	213兆154億ウォン	4兆2,229億ウォン	7兆8,573億ウォン	2,659億ウォン
	基金枯渇	2045年	2002年	2026年	1973年

注：軍人年金は2005年末現在。
出所：各年金の2006年統計年報（ただし，軍人年金については，2005年統計年報）。

私立学校教職員年金，軍人年金を含む特殊職域年金に分けることができる（表1参照）。

　国民年金と特殊職域年金は給付の仕方および給付の算式において大きな違いがある（表2参照）。老齢年金だけを支給する国民年金とは異なり，特殊職域年金は，老齢年金として，退職金として，そして産業災害補償としての側面が混在している。また生涯平均所得に基づいて年金額を算定する国民年金とは異なり，特殊職域年金は退職直前3年間の所得をベースに年金額が算定されている。一方，給付算式においては，国民年金は均等部分と所得比例部分の合計からなっているが，特殊職域年金は所得比例部分だけで構成されており，所得再分配の機能はない。そして，所得代替率（60％：76％）と保険料率（9％：17％，ただし，同じ報酬月額を適用した場合の特殊職域年金保険料率は11％まで下がる），給与連動方式（消費者物価：消費者物価＋政策調整），年金受給のための最短加入期間（10年：20年），年金受給開始年齢（長期的には65歳：60歳）などにおいても，この2つの制度は大きな違いがある。しかしながら，この2つの制度においては，アンバランスな給付構造によって，年金財政の長期的な

表2　国民年金と特殊職域年金の違い

区分		国民年金	特殊職域年金		
			公務員年金	私学年金	軍人年金
保険料	保険料率	標準所得月額の9％	報酬月額(所得月額の70％)の17％		
	所得上限	あり (45等級360万ウォン)	なし		
	負担率	経営者と労働者がそれぞれ4.5％ずつ負担 (地域8％)	国と加入者本人がそれぞれ8.5％ずつ	教員：個人8.5％，法人5％国3.5％ 事務職：個人と法人がそれぞれ8.5％ずつ負担	国と加入者本人がそれぞれ8.5％ずつ
給付の種類	給付の種類	老齢年金：加入期間10年以上 障害及び遺族年金：加入期間中の障害，死亡	退職年金：加入期間20〜33年 障害及び早期死亡時：短期給付支給		
	給付水準	50％(40年間加入，生涯平均所得)>2009年から2028年にかけ，40％に引き下げ	76％(33年間加入，退職直前3年間の報酬の)		
老齢(退職)年金	年間支給率	加入期間1年ごとに1.5％加算	20年まで50％，1年ごとに2.0％加算		
	給付算定基準	全加入者の平均所得及び生涯加入期間における平均所得	退職直前3年間の報酬月額		
	年金額調整	消費者物価上昇率(CPI)	毎年の物価上昇率，但し，3年ごとに在職者報酬上昇率を勘案		
	受給要件	10年以上加入及び60歳以上(2033年からは65歳以上)	20年以上加入及び退職時(60歳または定年退職時)		19.5年以上加入及び退職時
	支給方式	年金型	年金か一時金を選択可能		

出所：公的年金連携企画団会議資料を参照。国民年金については，最近の改革の内容を反映させた。

表3　国民年金の財政状況

(単位：兆ウォン)

年度	積立基金	収入				支出			収支(a)-(b)
		計(a)	年金保険料	基金投資収益	その他	計(b)	給付支出	その他	
1988	1	1	1	0	0	0	0	-	1
2000	74	15	10	5	0	2	2	0	14
2006	213	30	20	10	0	5	5	0	25

出所：国民年金管理公団『2006年国民年金統計年報』2007。

表4　公務員年金の財政状況

(単位：十億ウォン)

年度	基金会計		年金会計				
	基金総額	基金運用収益	収入			支出(2)(b)	収支(a)-(b)
			収入計(1)(a)	負担金収入等	政府補助金		
1982	770	114	268	268	-	161	107
1990	3,579	335	790	790	-	724	66
2006	4,223	393	6,178	5,530	648	6,178	0

注：(1) 当該年度公務員負担金と政府補助金の合計で，年金収入を意味する。
　　(2) 当該年度給付の支給に当てられた金額で年金支出を意味する。
出所：公務員年金公団『2006年公務員年金統計』2007。

表5　私学年金の財政状況

(単位：十億ウォン)

年	基金	収入(a)			支出(b)	収支(a)-(b)
		収入計	負担金	投資収益		
1980	98	42	26	16	6	36
1990	1,164	300	171	129	122	178
2006	7,857	1,601	1,357	244	947	654

出所：私立学校教職員管理公団『2006年私学年金統計年報』(2007)。

表6 軍人年金の財政状況

(単位:百万ウォン)

年度	予算	自主収入		基金繰入金	一般会計繰入金		
		本人納付金	返還金及びその他(1)		法定負担金		国庫補助
					納付金負担	退職手当及びその他(2)	
1980	68,172	14,133	394		11,949	56	41,640
1990	390,591	59,555	357		59,130	90	271,459
2005	1,660,789	281,600	1,300	0	521,500		856,400

注:(1) 自主収入の中の返還金及びその他:公務再就職者返還金,過支給額回収,求償金(1996年から発生)等
(2) 一般会計繰入金の中の退職手当及びその他:退職手当,災害補償給付,年金管理費等
出所:国防部『2005年度軍人年金統計年報』2006年。

不安定という共通した問題点がある(各年金制度の現在の財政状況については**表3,表4,表5,表6**を参照)。

退職年金制度

　退職金制度は1953年に制定された「勤労(労働)基準法」第28条により退職者への所得保障を目的に導入されて以来,被雇用者5人以上のすべての事業所に適用されている。退職金は,100％企業の負担によって賄われる典型的な私的福祉制度でありながら,法的な根拠をもつ制度である。既存の退職金制度が高齢化と年俸制の拡大など労働市場の変化に対処しにくく,企業が倒産した場合,労働者の退職金受給権が完全には保障されない可能性がある点などが考慮され,2005年12月からは,退職金と退職年金のいずれかを選ぶことが可能になった。

　退職年金積立金は,2005年12月の時点では163億ウォンであったが,2006年末現在,7524億ウォンに増え,約46倍の増加率であった。積立金自体は大きく増えたが,退職年金積立金総額が1兆ウォンにも満たない現状を考慮すると,退職年金制度の定着と発展のために,退職年金を選択した時に

表7　国民健康保険の財政状況

(単位：十億ウォン)

年度	収入			支出総額(B)	収支差 (A)-(B)
	収入総額(A)[(1)]	保険料収入	国庫支援		
1990	2,432	1,884	364	2,164	268
2000	9,828	7,229	1,553	10,744	−916
2006	22,388	18,552	2,870	22,463	−75

注：(1)　その他の収入を含む。
出所：国民健康保険公団『2006年健康保険統計年報』2007年。

インセンティブを与えるなどの対策を講じる必要がある。

国民健康保険

　国民健康保険は，国民基礎生活保障制度による医療給付受給権者を除く，国内に居住するすべての国民に適用され，加入者またはその被扶養者が受給の対象者になる。

　加入者は職場加入者と地域加入者に分けられ，職場加入者は，常時労働者1人以上の事業場に雇われた労働者とその経営者，公務員及び教職員と彼らの被扶養者である。一方，地域加入者には，職場加入者とその被扶養者，医療扶助受給権者を除く加入者が含まれる。

　2006年現在，健康保険適用者数は約4741万人で，2844万5000人が職場加入者，1896万5000人が地域加入者である。一方，健康保険の適用を受けない，医療扶助の適用対象者は182万9000人である（現在の財政状況については**表7**を参照）。

産業災害補償保険

　産業災害補償保険は，工業化の進展に伴って急激に増加した産業災害による被害労働者を保護するため，1964年に導入された韓国で最初の社会保険制度である。経営者の労働基準法上の災害補償責任を保証させるために，国が経営者から保険料を徴収し，それを財源にして経営者に代わり産業災害を被った労働者に補償する制度である。産業災害補償保険の適用対象は，常時

労働者1人以上のすべての事業または事業所に就業する労働者であれば，雇用形態やその名称に関係なく，全員が加入の対象者になる。

産業災害補償保険および予防基金は，2003年から赤字に転じ，基金の規模が減少し，積立金は2005年末現在，約1兆7千億ウォンである。

雇用保険制度

雇用保険は，失職者に対する生活支援と再就職を促進し，将来的には失業の予防および雇用の安定，労働市場の構造改革，職業能力の開発強化のための予防的，積極的，総合的な労働市場政策の手段であるといえる。韓国においては，1995年7月1日に雇用保険制度が導入された。その主な事業としては，雇用安定事業，職業能力開発事業，失業給付事業，母性保護事業などがある。

3 推計の方法，仮定および推計の結果

前述のように，本章においては，韓国の現実を反映させつつ，ILOの社会保障予算推計モデルを用い，社会保障制度（社会保険を中心にした）における長期支出の推移を分析している。個別制度ではなく，社会保障制度全体における支出の推移，すなわち，国民年金，公務員年金を含む特殊職域年金，健康保険（診療報酬中心），雇用保険と産業災害補償保険，民間部門における退職年金の支出の推移を分析している。

特に，超長期的観点から社会保障支出の推移を分析する場合，それに関連するマクロ経済変数に関する仮定が推計の結果に決定的な影響を及ぼす。本節においては，2003年「国民年金発展委員会」と2006年「公務員年金発展委員会」において用いられた仮定もともに考慮され，推計の結果が得られた[2]。

公的年金支出推移の分析

(a) 財政推計関連の仮定

公的年金支出の推計に必要な人口変数は，2003年の「国民年金発展委員

表8 合計出生率仮定

	2000	2010	2030	2050	2070
合計出生率(人)	1.47	1.36	1.39	1.40	1.51

出所：国民年金発展委員会『2003 国民年金財政算出及び制度の改革方策』(2003 年 6 月)

表9 平均寿命の仮定

年	男性	女性
2000	72.06	79.50
2005	74.36	81.20
2010	75.50	82.22
2030	78.73	84.83
2050	79.95	86.24
2070	80.95	87.14

表10 マクロ経済変数仮定

(単位：%)

	2010 年	2030 年	2050 年以降
実質賃金上昇率	3.9	3.0	2.8
実質基金投資収益率	4.2	3.1	3.2

出所：2006 年，公務員年金発展委員会による仮定。
年度別の値は同一ではない可能性がある。

会」の仮定を，経済変数は 2006 年に発足した「公務員年金発展委員会」の仮定を用いており，各制度における長期財政推計に用いられた仮定は**表8 - 表10**の通りである。

(b) 各公的年金制度における長期財政推計の結果

国民年金においては，2007 年の国民年金法の成立以降 2028 年まで，所得

---

2) 前述のように，本章においては，推計に必要な人口変数は，2003 年の「国民年金発展委員会」の仮定を，経済変数としては，2006 年に設置された「公務員年金発展委員会（この委員会は，公務員年金制度改革のために行政安全部長官の諮問機関として設置されていた期限付きの委員会であった。約 2 年間の活動期間を経，2008 年 9 月に，政府に公務員年金制度改革案を提出し，その活動を終了した)」の仮定を用いた。つまり，年金の推計のために，二つの委員会の仮定を並用した。その理由は，同一の制度の下においても，2003 年の「国民年金発展委員会」の仮定だけを用いた場合に比べ，2006 年の「公務員年金発展委員会」の仮定だけを用いた場合に，より高費用の推計結果が得られるためである。特定の仮定，すなわち，「公務員年金発展委員会」の仮定だけを用いた場合，高費用の推計結果が得られる可能性があると考え，本章においては，二つの委員会の仮定を並用した。詳細については，尹・辛 (2006) を参照されたい。この報告書では，さまざまな仮定の下での推計の結果が詳しく紹介されている。

代替率を40％まで引き下げる場合の財政推計結果が示されている（**表11**参照）。2007年の年金制度改革以前においては基金の枯渇は2045年，年金制度改革以降の基金枯渇は2055年と予測され，2003年の「国民年金発展委員会」で用いられた仮定による財政推計の結果に比べ，基金の枯渇の時期が早まると予測されている[3]。

公務員年金においては，政府と公務員が負担する17％の保険料以外に，財政赤字を補填するための政府の補填額が，2005年実質価格基準で，2020年には11兆ウォン，2050年には37兆ウォン，2070年には69兆ウォンと予測され，安定した財源の確保が急務であることがわかる（**表12**参照）[4]。

私学年金も2026年には赤字に転じると予想されるため，早急な制度改革が必要であるのが現状である（**表13**参照）。私学年金は公務員年金に比べ，遅れて導入され，保険料納付者に比べ，受給者の割合が低いため黒字になっている。そのため，本格的に受給者が発生する2010年代半ば以降，財政的不安定がより深刻になるであろう。公務員年金と異なり，特に，私学年金は財政赤字が発生した場合，国による赤字補填に関する法律の規定がない点を考慮すると，持続可能性を確保できる方向への制度改革が必要である。

現在の制度を維持するためには，政府による年間9000億ウォン以上の補填，すなわち，税金が投入される必要がある軍人年金においても，現在の制度を維持した場合，2005年実質価格基準で，政府による補填が2050年には3.9兆ウォン，2070年には7.3兆ウォン必要になると予測されている（**表14**参照）。このような軍人年金の財政推計の結果も，公務員年金のように，国民年金と同じ生命表を用いて得られるという点を考慮すると，政府による実際

---

3) 前述のように，本章では，「国民年金発展委員会」の仮定と「公務員年金発展委員会」の仮定を並用して財政推計を試みており，「公務員年金発展委員会」の仮定を用いた場合，「国民年金発展委員会」の仮定に比べ，制度維持費用が高くなるとの結果が得られた。そのため，2003年国民年金発展委員会の仮定を用いた場合，本章での財政推計とは異なり，2007年国民年金改革以前の制度においては，基金は2047年に枯渇し，2007年に行なわれた年金改革の下においては，2058年に枯渇すると予想されている。

4) 2007年には1兆ウォン未満であった公務員年金の赤字補填額が2008年には1兆2500億ウォンあまりに上ると予想されており，公務員年金改革を急ぐべきとの声が高まりつつある。

表11　国民年金の財政収支見通し（2007年の国民年金法成立以降）

(単位：兆ウォン，％，倍)

年	収入総額			支出総額	収支差	積立基金		保険料率	積立率[2]
	計	保険料	投資収益			経常価格	不変価格[1]		
2007	38	22	16	6	32	244	230	9.0	37.1
2010	51	27	23	10	41	357	308	9.0	33.1
2030	202	91	111	99	103	1,931	922	9.0	18.4
2050	313	187	126	535	−222	1,808	533	9.0	3.8
2070	387	387	0	1,687	−1,300	−	−	9.0	−

注：現在60％の所得代替率を，2008年に50％に引き下げ，それ以降毎年0.5％ずつ引き下げ，2028年以降においては，40％を維持する。しかしながら，保険料率は現在の9％を維持する。
(1)　2005年実質価格
(2)　当該年度総支出に比べた前年度の積立基金。

表12　公務員年金の財政収支見通し

(単位：兆ウォン)

年度	名目価格			2005年実質価格		
	総支出	保険料収入	政府による補填	総支出	保険料収入	政府による補填
2007	6	5	1	5	4	1
2010	7	6	1	6	5	1
2030	63	15	48	30	7	23
2050	199	57	141	53	15	37
2070	630	158	473	92	23	69

注：この推計の結果は，公務員年金加入者に国民年金と同様の生命表を適用して得られたため，実際よりやや楽観的，すなわち，保守的な推計が行なわれた。公務員年金管理公団独自の生命表によると，公務員の平均寿命が国民年金加入対象者より高いためである。この推計モデルは公務員を含めた特殊職就業者の死亡率に関する別の情報を入力して推計するよう作られているが，公務員等の特殊職域就業者の死亡率に関する詳しいデータがないため，国民年金加入者と同じ仮定が用いられている。

表13 私学年金の財政収支見通し

(単位:兆ウォン)

年度	名目価格				2005年実質価格			
	総収入	総支出	収支差	積立基金	総収入	総支出	収支差	積立基金
2007	2	1	1	10	2	1	1	10
2010	3	2	1	14	2	1	1	12
2030	8	17	−10	−	4	9	−5	−
2050	24	79	−55	−	7	23	−16	−
2070	80	307	−227	−	14	54	−40	−

表14 軍人年金の財政収支見通し

(単位:兆ウォン)

年度	名目価格			2005年実質価格		
	総支出	総収入	政府補塡	総支出	総収入	政府補塡
2007	1.8	0.9	0.9	1.7	0.8	0.8
2010	1.9	1.0	0.9	1.6	0.9	0.7
2030	5.9	2.9	3.0	2.8	1.4	1.4
2050	21.6	6.9	14.7	5.7	1.8	3.9
2070	68.4	18.2	50.2	10.0	2.7	7.3

表15 退職年金積立金の推移

(単位:兆ウォン)

年度	名目価格				2005年実質価格			
	総収入	総支出	収支差	積立金	総収入	総支出	収支差	積立金
2007	10	0	10	27	9	0	9	26
2010	20	1	19	74	18	1	16	64
2030	142	73	69	1,194	68	35	33	570
2040	210	146	64	1,858	75	52	23	660
2050	274	217	57	2,454	73	57	15	649
2070	424	378	46	3,436	62	55	7	503

表16 保健医療部門の総診療費の財政収支見通し

(単位：兆ウォン)

年度	名目価格			2005年実質価格		
	総診療費	総収入	収支差	総診療費	総収入	収支差
2007	29	23	−6	27	22	−6
2010	38	30	−8	32	26	−7
2030	198	111	−87	95	53	−42
2050	744	254	−490	197	67	−130
2070	2,135	536	−1,599	313	78	−234

注：保健医療部門の総診療についての長期財政見通しは，2006年の公務員年金発展委員会の仮定に基づいて推計された。2003年の国民年金発展委員会の仮定値を用いた場合，2005年実質価格基準で，総診療費（収支差）は2050年に145兆（−95兆），2070年に180兆（−134兆）と推計され，大きな差がある。本章において，比較的大きな支出を想定している公務員年金発展委員会の仮定を用いた理由は，それが，最も最近発足した委員会のマクロ変数であるためである。

の補塡必要額よりも過少推定された可能性がある[5]。

　本章においては，社会保険制度ではないが，労働法上経営者にその支給が義務づけられている，退職年金の財政見通しもともに検討した（**表15** 参照）。現在の制度を維持した場合，2005年実質価格基準で退職年金支出額は2050年と2070年頃55‐60兆ウォン程度に上ると予測されており，他の公的年金支出額に比べ，非常に少なくなると可能性が高い。これは，退職金と退職年金が共存できるように定められている韓国の退職年金関連規定によるもので，今後退職年金が多層所得保障システムの1つの軸として位置づけられるためには，退職年金への強制的な変更などさまざまな課題が山積していることを物語っている。

　保険医療部門については，総診療費を中心に，長期支出の推移を予測した

---

[5] 国防部内部資料によると，軍人年金の受給者の平均寿命は国民年金加入者（受給者）より長い。

（表16参照）。国庫補助が現在の水準を維持されるという極端な仮定に基づき，2005年実質価格基準で，診療費収支赤字が2030年には42兆ウォン，2050年には130兆ウォン，2070年には234兆ウォンに上ると予想されている。診療費への国庫補助の増額にも限界があるという点を考慮すると，保健医療部門においても超高齢社会に備えることができるように制度改革を模索すべきである。

公的年金と医療費の支出に比べ，比較的に少ないが，産業災害補償保険，雇用保険も現在の制度を維持した場合，長期的には財政赤字の発生は避けられないと予想されている。2005年実質価格基準で，産業災害補償保険は最大7兆ウォン，雇用保険は最大6兆ウォンの赤字が予想されている。

(c) 社会保障支出全体の推移

ここまで説明してきた個別制度の支出の推移を合わせ，長期的な観点から社会保険制度全体の支出推移を見ることによって，現在の社会保険関連制度の持続可能性について総合的に検討する必要がある[6]。

一般的に予想されているように，社会保険支出額の中で公的年金（特に国民年金）と保健医療の割合が最も高い（表17および図1参照）。医療費支出の場合，診療報酬中心の推計資料であるため，実際の保健医療支出に比べ，少な目に推計された蓋然性が高い。このような限界があるにもかかわらず，本章において韓国における社会保険制度の長期支出の方向を把握することには大きな問題はないと考えられる。

韓国の社会保険制度の支出推移が示唆するのは，公的年金と保健医療支出，ひいてはこの2つの制度改革の方向次第では，他の不要不急な社会保障制度も非常に大きな影響を受けるということである。言い換えれば，公的年金制度と保健医療部門が，今後到来する超高齢社会と符合する方向に再構築され

---

[6] 前述のように，退職年金制度を社会保険支出に含めることは論議を呼ぶ可能性が高い。このように議論の余地があるにもかかわらず，退職年金制度が，老後所得保障体系において，公的年金の役割の一部を担うことができるように導入され，経営者の立場では，年金基金の積み立てが義務付けられている点を考慮し，広義の社会保険制度の一つとして分析した。

表17 社会保障関連分野支出推移（退職年金を含む，名目価格基準）

(単位：兆ウォン)

年度	総費用	公的年金					退職年金	保健医療	産業災害補償保険	雇用保険
		計	国民年金	公務員年金	私学年金	軍人年金				
2007	51	14	6	6	1	2	0	29	4	3
2010	68	21	11	7	2	2	1	38	4	4
2030	526	220	133	63	17	6	73	198	21	14
2050	2,243	1,183	884	199	79	22	217	744	63	36
2070	6,478	3,780	2,773	630	307	68	378	2,135	92	94

図1 国内総生産(GDP)に占める社会保険分野別
支出額の割合（退職年金を含む）

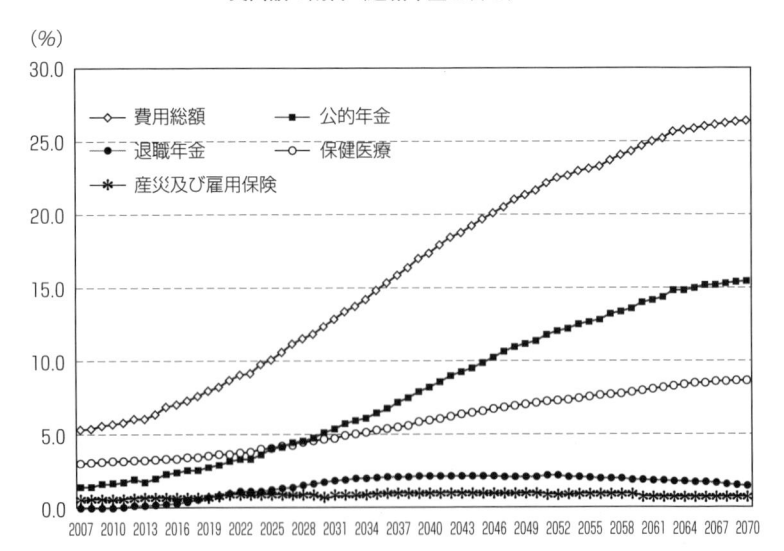

ない限り，社会的脆弱階層を含む，さまざまな福祉ニーズを満たすことのできる追加的な社会保障制度の導入，およびそれを賄うことのできる財源の確保は不可能である。

4 結　　論

　現状としては，韓国の社会保障支出額が他のOECD諸国に比べ，著しく低い。問題は，現在の制度をこのまま維持した場合においても，すでに導入された制度の成熟および人口高齢化によって，長期的観点では社会保障関連支出が急増するであろうということである。

　本章で示された推計の結果が示唆することは，国民年金を含めた公的年金の場合，経済的，社会的条件を考慮して，制度の持続可能性を高め，公的，私的年金制度の成熟に合わせた追加的な財政安定化の努力が必要であるということである。特に，公的年金は本人の保険料の納付と給付の結びつきを強化することによって，制度への加入の誘引を高め，財政的無駄を最小限に抑えるべきである[7]。

　これとともに，新しい制度（特に，本人の保険料の納付と無関係な，デモグラント的な給付を支給する普遍な所得保障制度）を導入しようとする努力よりは，すでに導入された制度の長所，短所を検討，分析し，高齢社会における公共部門の政策目標および社会的価値に関する検討のプロセスが必要であり，公的社会保障制度として維持すべき部分と公的な制度から除外すべき部分を分ける政策的判断が必要になるであろう。そのような政策的判断が重要な理由は，現在の制度をそのまま維持した場合，他の制度に比べ，社会的

---

[7] このような文脈で，現在の高齢者の年金における死角を解消するために2008年に導入された基礎老齢年金のあり方が今後重要な政策的課題になるであろう。基礎老齢年金を普遍的な基礎年金に拡大すべきとの主張が一部の論者から強く提起されているためである。しかしながら，税金で賄われる基礎年金の導入には慎重を期する必要がある。現在は，（保険料の）納付と給付の結びつきが年金改革の世界的な潮流であるが，その結びつきが現在の国民年金制度に比べ，著しく弱くなる可能性が非常に高いためである。また，超高齢社会の到来により，膨大な財源が必要になり，それによって，他の社会保険や社会保障制度が駆逐（Crowding-out）される可能性があるという点も慎重に考慮すべきである。

優先順位が低いにもかかわらず，特定の制度の存在によって著しく高いウェイトの財政資源が投入された結果，社会的助力を必要とする階層や集団への資源配分が制約され，極点な場合には彼らが資源配分のプロセスから完全に排除される可能性が非常に高いためである。

このように，各種社会保険制度を再調整し，現代化する必要性が高まりつつある理由は，変化する諸条件に符合する方向に社会保障制度を再構築しない限り，各種社会保障制度の持続可能性の確保は不可能であり，ひいては，比較的に豊かになった国の財政を用い，真の社会的助力を必要とする集団や階層への社会保障制度の適用拡大が不可能になるためである。

本章においては，国民基礎生活保障制度と基礎老齢年金制度等の公共扶助制度，2008年7月に導入された老人長期療養保険制度，OECDの分類に従う場合の民間部門の準公的な社会保障制度などについての検討がなされていない。また，さまざまな角度から議論されている社会サービス拡大策に関連する必要支出額の予測についても分析がなされていない。このような限界にもかかわらず，本稿の推計結果が示唆し，それに基づいて示された政策的示唆には大きな変化はないと考えられる。

（崔銀珠訳）

■参考文献

尹錫明 1999「世界銀行年金改革案評価」『保健福祉フォーラム』通巻第39号，韓国保健社会研究院。

尹錫明 2000「公的年金制度の問題点と改善方策」『財政論集』第15集1号，韓国財政学会。

尹錫明 2001「OECD年金改革案の評価」『年金フォーラム』秋号，国民年金研究センター。

尹錫明 2004「外国の年金改革の動向と韓国の年金改革の方向―Parametric reformを中心に―」韓国社会保障学会秋季学術発表大会報告。

尹錫明 2005a「年金制度の持続可能性確保が優先されるべきである。」『韓国の経済』6月号，KDI経済情報センター。

尹錫明 2005b「公的年金の構造改革の現状と課題（報告者金ヨンハ）討論文」韓国財政公共経済学会・国家経営戦略研究院NSIフォーラム，韓国経済新聞社共同主催2005年第2次財政改革シンポジウム，国家経営戦略研究院。

尹錫明 2007「韓国の社会保障費支出の展望及び示唆——社会保険を中心に」『保健福祉フォーラム』11月号，通巻133号，韓国保健社会研究院。

尹錫明・辛和衍 2006『韓国における社会保障予算モデルの開発—— ILO Social Budget モデルを中心に』韓国保健社会研究院。

尹錫明・金テチョル・辛和衍・金ムンキル 2005『中長期社会保障支出の推移に基づいた国民年金の納付と給付水準に関する研究』国民年金研究院。

尹錫明・金テチョル・辛和衍「国民年金制度の段階的改革方策」『応用経済』2005年秋号。

崔キョンス・文ヒョンピョ・シンインソク・ハンジンヒ 2003『人口構造の高齢化の経済的影響と課題（Ⅰ）』韓国開発研究院。

崔キョンス 2004『人口構造の高齢化の経済的影響と課題（Ⅱ）』韓国開発研究院。

崔ジュンウク・ジョンビョンモク 2003『人口構造の変化と租税財政政策（Ⅰ）』租税研究院報告書。

国民年金発展委員会 2003『2003国民年金財政勘定及び制度改善方策』。

Sukmyung Yun 2004 "Financing challenges facing social security scheme: The Case of Korea", *Social security in a world of changing priorities,* International Social Security Association.

——— 2005 "Rapid aging and old-age income security in Korea", *Economic and Labour Relations Review,* New South Wales University.

Sukmyung Yun, et al., "Korea's Public Pension System at a Crossroads: Is the current public pension system sustainable in a rapidly aging society?", *Public Pension Reform and Old-age Protection,* KIHASA, 2006.

Thompson, L. 1998 *Older and wiser: the economics of public pensions,* Urban Institute Press, Washington, D.C..

World Bank 2000 "The Korean Pension System at a Crossroads", Report No. 20404-KO.

＊本章は尹・辛（2006）に加筆・修正を行なったものである。

第8章　台湾社会政策の発展
―― 示唆と展望 ――

陳　小紅

1　はじめに

　台湾において，現代的意義がある「社会安全システム」の発展はこの十数年のことである。1987年に政治的戒厳令が解除される以前，国民党政府は「経済優先」の考え方や，充実した社会福祉が人々の「依存性」や「怠惰」を助長するという懸念から，福祉政策に消極的であった。当時の社会福祉は，研究者たちによって「残余」型社会福祉と揶揄されている[1]。戒厳令の解除後，台湾の民主化のプロセスにおいて蓄積した実力によって，野党民進党は執政している県や市で与党に先駆けて「高齢者の年金」問題を提起し，巧みに「地方が中央を取り込む」戦略を用いて，当時の国民党政府に各種の社会福祉政策を検討させた。これにより，台湾の社会福祉界で通称「黄金の10年」[2]と呼ばれる時期が始まった。「責任を負う」政党として，国民のニーズ

---

[1]　たとえば，研究者の林萬億がこのような批判を行なったことがある。同様に行政院政務委員を担当したことがある傅立葉準教授と盧政春教授が国民党執政時の社会福祉を「軍公教の福祉」だと批判している。

[2]　台湾の社会福祉界が称する「黄金の10年」は具体的にいえば，1990年-2000年の間の10年間を指す。この時期に，台湾の社会福祉に関する予算が大幅に増加し，関連する法律・法規が修正されたり，追加された。民間の福祉団体も発展し，「公設民営」等の方法を通して積極的かつ確実に社会福祉事業を推進した。

に対応しながら，財政状況が許す範囲で，そして世界潮流の下で，1995年3月1日に，国民党は「国民健康保険制度」[3]を打ち出した。その後，「国民年金制度」も数年にわたって計画され，2000年に設立する予定であったが，9・21大地震や2000年の政権交替によって延期された。

その後，民進党の8年間の執政中（2000年5月 - 2008年5月）にようやく「国民年金法」が公布された[4]。興味深いのは，従来の弱者重視を標榜する民進党政府が執政してから2年目に，陳水扁が「経済を優先し，社会福祉をしばし延期する」という方針を打ち出したことである。当時，台湾は経済発展の歴史上に前例のないマイナス成長（-2.2％）を経験し，また，日に日に激しくなるグローバル化のもとで，多くの企業の海外移転により失業率が上昇していた。そのため，政府は「失業保険」など各種就職補助法案を出さざるを得なかった。同時に，前例のない多くの外来労働者の流入を経験し，また，1990年代から，ほぼ単一民族とも言える台湾がかなりの数の「外来嫁」[5]を迎え始めた。要するに，約35万人の外来労働者および約45万人の外来配偶者（子どもを含まない）が，無視できないグループとなり，彼らのニーズや直面している問題は一刻の猶予もなく解決すべき課題となっていたのである。参考までに，民進党政権時（2006年）の政府歳出に占める社会福祉支出割合を図1に示す。

---

3) 台湾の「国民健康保険制度」の企画は，経建会から衛生署へその責任が移管され，また国内の専門家だけではなく，アメリカのハーバード大学医学部の中国系の研究者や，海外にいる精算専門家等も参加するなど，数年に渡った。しかし，1995年の李登輝と連戦の大統領と副大統領の選挙に合わせるため，慌ただしく「国民健康保険法」の草案が設立された。

4) 「国民年金制度」は2008年10月1日に施行された。民進党は，国民党が企画した「国民年金」システムを受け入れないことを前提に，「国民年金法」を何回にもわたって修正したにもかかわらず，台湾の経済状況が悪化する下で，当初の「全国民」を対象とする企画が，いずれの退職保障もない者（353万人）に限定された。その多くは専業主婦や学生および失業者のため，今後「弱者保険」となる心配がある。もちろん，各種の養老制度の統合は言うまでもなく実現していない。

5) 実際には，「外来配偶者」の中には男性もいるが，大陸籍か東南アジア籍の女性が95％以上を占めているため，「外来嫁」という。人数からいえば，大陸籍の配偶者はおよそ26万人，東南アジア籍（ベトナム籍が最も多い）の配偶者はおよそ19万人である。

図1 台湾政府の各支出およびその平均成長率（2006年）

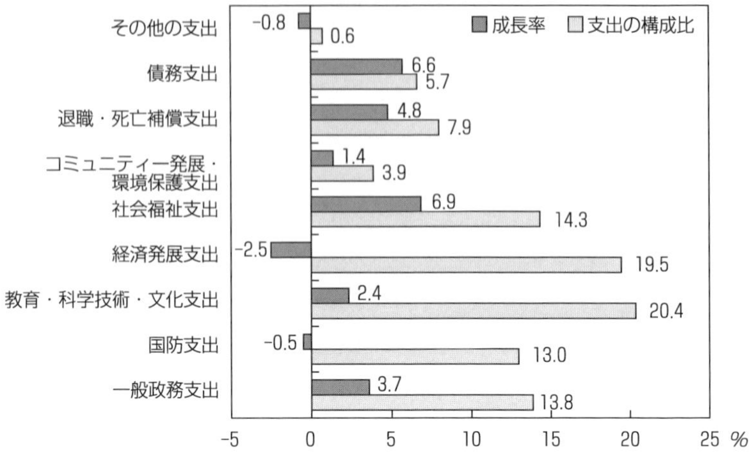

項目	成長率	支出の構成比
その他の支出	-0.8	0.6
債務支出	6.6	5.7
退職・死亡補償支出	4.8	7.9
コミュニティー発展・環境保護支出	1.4	3.9
社会福祉支出	6.9	14.3
経済発展支出	-2.5	19.5
教育・科学技術・文化支出	2.4	20.4
国防支出	-0.5	13.0
一般政務支出	3.7	13.8

出所：以下のデータ出所より筆者が整理作成。財政部ホームページ，95年財政統計年報―各級政府歳出淨額―按政事別分，2008/7/3。http://www.mof.gov.tw/ct.asp?xItem=9564&CtNode=132&mp=6

2　台湾社会安全体系の4つの分野

　台湾の「社会安全体系」は4つの分野からなる。それは①社会救助，②社会保険（健康保険，年金（養老）保険，失業保険と労働災害保険を含む），③福祉サービス，④各種の手当である。

　「社会再分配」の機能や「助け合い・自助」の精神を強調するため，「社会保険」が台湾の「社会安全体系」の中心となっている（図2）。特に，「養老」と「健康」を福祉体系の二本柱とする世界の福祉先進国の体系を参照したため，少なくとも2000年以前の国民党時代から，政府は健康と養老の重要性を重視していた。一方，「急場を救うが貧困を助けない」という理念を守っているため，従来から「社会救助」の基準は厳しい。そのため，「低収入世帯の基準」[6]に合致する世帯は約1％にすぎず，多くの研究者や専門家が疑問を抱いている。「福祉サービス」に関しては，台湾では第三セクター[7]の勢いが強いため，政府はそれほど力を入れていない。各種手当には，たとえ

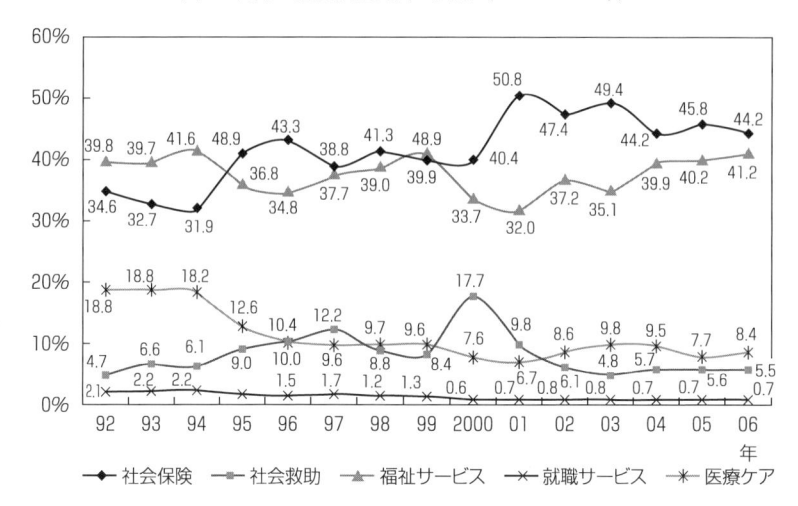

図 2　台湾の社会福祉支出の内訳（1992 - 2006 年）

年	92	93	94	95	96	97	98	99	2000	01	02	03	04	05	06
社会保険	34.6	32.7	31.9	48.9	43.3	38.8	41.3	48.9	40.4	50.8	47.4	49.4	44.2	45.8	44.2
社会救助	4.7	6.6	6.1	9.0	10.0	9.6	8.8	8.4	7.6	6.7	6.1	4.8	5.7	5.6	5.5
福祉サービス	39.8	39.7	41.6	36.8	34.8	37.7	39.0	39.9	33.7	32.0	37.2	35.1	39.9	40.2	41.2
就職サービス	2.1	2.2	2.2	1.5	1.7	1.2	1.3	0.6	0.7	0.8	0.8	0.7	0.7	0.7	0.7
医療ケア	18.8	18.8	18.2	12.6	10.4	12.2	9.7	9.6	17.7	9.8	8.6	9.8	9.5	7.7	8.4

出所：以下のデータ出所より筆者が整理作成。財政部ホームページ，95 年財政統計年報
　　　―各級政府歳出淨額―按政事別分，2008/7/3。http://www.mof.gov.tw/ct.asp?
　　　xItem＝9564&CtNode＝132&mp＝6

ば農民手当，栄民手当，障がい者手当，低収入世帯手当，低収入高齢者手当などがある。これらの手当は歴史的な産物であると同時に，政治的な争いの結果でもある。この各種の手当は今後の台湾において持続的な「社会安全体系」の設立に対して深く影響する。本章においてはまず上述した 4 つの分野における発展状況を略述した上で，各分野が現在直面している課題を分析し，そして今後の発展可能な方向を模索する。

---

6) 内政部 2007 年第 3 期の資料によると，台湾の低所得者は合計 21 万 6312 人，総人口の 0.94 ％を占める。台湾の低所得世帯に関する基準は「最低生活費」と連動している。その水準は，中央政府や直轄市政府の担当部門では，中央政府の主計部門が公布したここ最近一年間の当該地域に住む住民の 1 人あたり平均消費支出の 60 ％に設定されている。

7) 台湾の第三セクターの発展は民主化の推進と符合している。「基金会」だけで 300 以上ある。

3 「国民年金制度」の新規定に対する懸念

「国民年金制度」の企画は5つの段階に分けられる。最初は1993年から，行政院の経建会が「国民年金制度」を起草しはじめた時期である。1995年に完成した「国民年金規画報告」初稿を「国民健康保険」と一緒に実施する予定であったが，国民の負担を考慮した上で，延期した。その後，経建会が1998年にこの規画報告の修正を完成し，2000年末までに実施する予定であったが，上述したように，9・21大地震および2000年の政権交替がその実施時期を再び延長させた。民進党が執政した後，2002年6月14日に「国民年金法」草案を立法院へ送付したが，立法院は「期限のため審議し続けない」という理由で草案を行政院に戻した。その後，当時の行政院政務委員の傅立葉の主導で，2006年1月に行政院が認めた新たな企画バージョンを提出したが，社会各界からの様々な意見によって実施されなかった。同年7月に開催された「経済を持続的に発展させる会議」で12条の意見を提出した後，後任の林萬億政務委員の主導の下で，2007年5月3日再び「国民年金法」を立法院へ審議に付し，同年の7月20日に通過させ，2008年の10月1日から実施することを決めた。

全体的にみれば，1993年11月から2007年7月までの15年間に，「国民年金」に関しては「江丙坤」，「陳博志」，「沈富雄」，「簡錫堦」など多くのバージョンがあるが，すべて実施されていないため，研究者たちはこの一連の変革を「バーチャルな改革」と呼ぶ。2008年10月1日に施行された「国民年金」(以下，新制度と略す) の内容も，実は，この十数年間台湾における社会・経済および政治環境の変化によって，明らかに変わってきた。たとえば，制度の名前は「国民年金」というが，その対象者は現在公務員・教師，軍人，労働者など職域の社会保険を利用できない高齢者だけである。これは「国民全体」すなわち「業務は分立するが，内容は整合する」ことを強調する「江丙坤」バージョンと大きく異なる。

新制度は「社会保険」を基調としており，「リスクの分担，所得の再分配」という効果がある。また「ジェンダー主流化」の考えを取り入れ，「社会的

な公平」原則にも即し,「国家財政の負担」を考慮している。しかし,それにもかかわらず,以下のような懸念される点がある。

保険料の未納に対する処置方法

新制度は,「この保険の対象者の多くが未就職の経済的弱者のため,「柔軟に保険への加入を強制する」,「強制的に執行しない」など関連する規定を採用する」ことを強調する。納付能力がない対象者に対して,「一回で保険料を納付できない者に対しては分割あるいは延期納付を申請することが可能である」という規定がある。保険料を納付しない者に対しては,以下の4つの処置方法を決めている。

1. 滞納期間に,滞納料は徴収しないが,滞納保険料の利息を徴収する。利息の計算方法は郵政貯金の1年間の定期預金の利率により,日割りで計算する。
2. 保険料の滞納が10年以上の者に対しては,最近10年間の保険料および利息の納付を要請する。10年以上の滞納した料金を追加納付する必要はない。しかし,その年数は加入期間に加算しない。
3. 保険料およびその利息を全額納付していない場合には,保険給付をしない。
4. 保険事故が発生する前の1年間に,滞納あるいは加入期間に加算されない滞納期間のある者は,3000元の基本保障を利用できない。

以上の規定のうち比較的に明確な懲罰があるのは第4条だけであり,第2,3条については保険料を滞納しても,せいぜい10年間の保険料およびその利息だけを納付すれば,保険を利用する資格を得るような規定である。第1条規定は,故意に保険料を納付しない者に対しては,第2,3条による挽回の以外に何の「強制」的な機能もないが,本当に納付能力がない者に対してはかえって負担をかけることになる。

「手当」の統合

農民を例にとると，新制度が実施される際にすでに「農業者年金保険（農保）」に加入していた被保険者に対して，以下のような規定があった。

1．満65歳以上の農民（約75万7000人）に対して
　①加入できない
　②彼らのすでに有った手当を保障する
　③過渡的措置として，満65歳以上である農民に対して，高齢者基本保障年金（3000元）を引き続き交付する以外に，3000元の差額を追加支給する。

2．25歳‐65歳の農民（約84万9000人）と15歳‐25歳未満の農民（約0.6万人）に対しては強制的に「農保」を退出させ，「国民年金保険」に加入させる。言い換えれば，元々の「農保」は満65歳以上の農民しか残らず，新たな農民の加入は拒否するということである。

3．以前の「農保」の加入期間に関しては，将来「国民年金保険」の「身体障がい年金」と「遺族年金」を受け取る時，加算できる。

4．実施する際に65歳未満の農民に対して，過渡的に次の2つの原則を設ける。
　①「国民年金保険」の加入者は少なくとも3000元の高齢者年金を給付される。
　②実施する際に38歳以上の農民は，満65歳になる時に3000元の差額を追加支給される。

新制度の内容が発表された後，65歳以下の農民は現在の「農保」を退出し，「国民年金保険」に加入しなければならないため，納付する保険料が現在の毎月78元から数百元も増えることに対して，批判の声が続いている。2008年3月12日，総統選挙の直前に，旧（民進党）政府の張俊雄院長は

「農委会と主計処が「国民年金保険」に加入する農民被保険者を補助する方法を検討し，保険料が元の「農保」の毎月 78 元の保険料のまま維持すべき」と提起し，農民の加入拒否状況を緩和させた。一方，実施する時に 38 歳未満の「農保」被保険者が受け取る農委会からの 3000 元の差額手当が急に減るため，その反対も予測できる。これは「農民手当」に関する本当の統合が実現しにくいことを示した。

実は，台湾における 65 歳の国民の平均余命 17 年で計算すれば，新制度における高齢者への給付は現在の「農保」給付とほとんど変わらないが，保険料の負担が異なり，また政治的要素の影響（台湾においてほぼ毎年選挙がある）もある。発足したばかりの新政府も農民団体の圧力に屈し，「農保」を引き続き独立で存続させることに承諾し，また「国民年金保険」制度に合併しない方針である。この承諾は明らかに新制度の以前からの計画を変更することであり，その他の手当の受益者も同じく承諾を求めると予測できる。これは新制度が「保険」か「福祉」かという選択に直面する状況が一層厳しくなることを示した。

「国民年金」と「労働者保険年金」との繋ぎ

新制度は「国民年金」と「労働者保険年金」の加入年数を合算すると強調している。労働者保険年金の加入規定年数を満たさないために受領できない場合には，「国民年金」の加入年数を合算し，年金を受給できる年数に達した時，年金を受給できると決めた。労働者保険年金の給付開始年齢は満 60 歳であるが，人口高齢化がますます深刻になるため，新企画の「労働者保険年金化」修正草案は，法の施行後 5 年目に 1 歳引き上げ，その後は 2 年ごとに 1 歳ずつ 65 歳まで引き上げるとしている。新制度も労働者の退職年齢を 65 歳まで延長している[8]。

現段階において，「労働者保険年金化」と新制度の整合に関する最大の問題の 1 つは，立法委員会が給付率を 1.5 - 2％まで引き上げる予定であると

---

8) 人口の高齢化に対応し，労働者を長期間働かせるために，政府は新制度において「高齢者年金の受給延期」を設計している。すべての年金を受給する条件に達する者が 1 年間受給を延期すれば，年金給付基準によって年金が 4％増給する（最大 20％）。

表1 台湾労働者保険,公務(教)員保険,農民健康保険,全国民健康保険財務概況

単位:新台幣億元

年	労働者保険 (普通事故)		公務(教)員保険		農民健康保険		全国民健康保険	
	年度損益*	累計残額	年度損益	累計残額	年度損益*	累計残額	年度損益	累計残額
1995	−35.4	--	−66.4	−473.1	13.7	−691.06	--	--
1996	605.1	--	−62.9	−536.0	−5.5	−691.92	--	--
1997	635.7	--	−68.9	−605.0	−9.6	−698.03	--	--
1998	552.5	--	−73.3	−678.3	−43.6	−741.65	--	--
1999	388.7	--	--	1110.4**	−55.8	−797.41	--	--
2000	419.5	--	--	1336.0	−80.0	--	10	400
2001	219.4	--	--	1653.3	−76.2	--	−156	243
2002	−162.3	--	--	1873.3	−33.3	--	−157	87
2003	9.0	--	--	2396.2	−26.8	--	−4	83
2004	−24.8	--	124.2	2611.5	−41.3	--	−4	79
2005	−370.1	--	151.9	3017.6	−36.5	--	−63	15
2006	−156.3	--	181.3	3649.1	−34.2	--	−3	12
2007	−295.0	--	203.4	4113.4	−34.2	--	−137	−125

注: *当該年度に徴収された保険料から支払った保険給付を引いたデータである。
　　**1999年から退撫金資産の合計である。
出所:以下のデータ出所より筆者が整理作成。①行政院労工委員会労工保険局全球資訊ホームページ, 2008/4/22, 96年統計年報―開辦起労工保険業務概況表, http://www.bli.gov.tw/attachment_file/report/year/096/h 010.htm ②銓敘部ホームページ, 中華民国九十六年銓敘統計年報, 2008/7/5, http://www.mocs.gov.tw/index.htm ③内政部統計資訊ホームページ, 内政統計年報―農民健康保険, 2008/7/4, http://www.moi.gov.tw/stat/ ④中央健康保険局, 2008/6/30, 即時統計資訊―財務状況, http://www.nhi.gov.tw/webdata/AttachFiles/Attach_1779_1_健保-貳9706.xls

いうことである[9]。もし同時に保険料率を高めないならば,労働者保険の財政危機は避け難い。実は現在の労働者保険の保険料率は徴収すべき保険料率よりかなり低く,潜在的な財政問題を抱えている(表1)。労働者保険の年金化が実現できなければ,新制度が定めた高齢者年金の受給資格がある大勢の

---

9) 現在実行されている給付基準は1.3%である。

労働者保険加入者が退出し,「国民年金保険」に加入する恐れがある。そうすれば,すでに赤字危機を背負っている「労働者保険基金」にとって弱り目にたたり目ではないかと専門家は危惧している。

新制度の「保険性」と「福祉性」

「弱者のために完全な保障を提供する」ことが新制度の特徴の1つである。新制度は農民を「国民年金保険」体制に取り入れるだけではなく,農民に農保に含まれてない高齢者,障がい者,遺族および葬儀給付を含む完全な保障を提供する。その他,保険に加入する前にすでに重度の障がいをもち,かつ労働能力がないと判定された者に対して,新制度は毎月4000元の保証年金を給付する。

また,新制度は国民の年金受給の権利を確保するために,「最近10年間の未納分の保険料を納付できる」ことを定めているだけではなく,一般の国民に対する保険料補助も40％まで高め,低所得者や所得が一定の基準に達しない者や身体障がい者に対して,55-100％の保険料補助を提供すると定めている[10]。

これらの各規定は新制度の「福祉性」を十分に証明した。しかし,もともと「弱者保険」体質をもっている新制度の将来の財務状況が本当に健全であるかという懸念がある。

---

10) 具体的には,新制度の中で政府の保険料に関する補助政策は,以下のように定められている。
　①一般の国民に対する保険料の補助は40％（449元）である。
　②低所得世帯に対する保険料の補助は100％（1123元）である。
　③所得が一定の基準に達しないものに対しては,本人の所得状況によって補助率を55-70％（618元-786元）まで引き上げる。
　④身体障がい者に対しては障がいの程度によって補助率55-70％（618元-1123元）まで引き上げる（台湾の基本賃金は2007年7月1日から元の月1万5840元から1万7280元まで引き上げられた）。

図3 台湾の全民健保の保険料および医療支出の推移 (1998 - 2007)

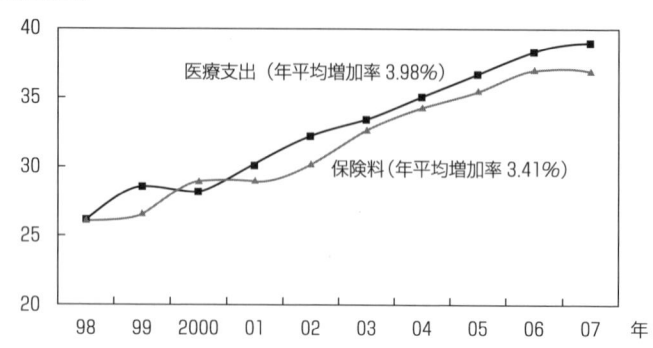

出所：以下のデータ出所より筆者が整理作成。データ出所：①中央健康保険局編著，2007，『中華民国九十五年全民健康保険統計』台北：中央健康保険局，②中央健康保険局ホームページ，2008/6/30，即時統計資訊―財務状況，http://www.nhi.gov.tw/webdata/AttachFiles/Attach_1779_1_健保‐貳9706.xls

4 「全国民健康保険」制度

「保険性」か「福祉性」かの混乱は「全国民健康保険」(以下，全民健保と略す) 制度にも見られる。たとえば，政府が毎年弱者（弱者団体）の医療補助に充てる支出は66億元にのぼり，111万人に対して補助された。具体的には経済的な弱者を補助するために，政府は無利息貸付や分割返済などを提供している。さらには，場合によって非営利組織による「代替支払い」方式も採用している。

台湾の「全民健保」は国際的にも廉価で悪くない医療の質を保っているため，99％近くの支持率を得ている（台湾在住4か月以上の外国籍の人を含む）。しかし，医療機関と患者双方に「モラルハザード」がみられ，実施して13年の間に，何度も赤字状況が出現してきた（図3）。そのため，政府は2007年1月から制度を改革せざるを得なくなった。

改革は主に財政をめぐって行なわれた。たとえば，今後，保険料は職種にかかわらず収入に基づいて徴収する。また保険料の徴収は賃金収入だけでは

なく，収入総額に基づいて計算する。保険料の計算基準も個人の収入に取って代わって，世帯収入にする。雇用主と政府の責任もさらに明確化する。この改革構想が公表されたとたん，いまだに未熟な所得税制度と，相当の割合を占める「闇の金」に対して本当に保険料を公平に徴収するという目的を達成できるかなどの問題が問われた。また，もし診療報酬を総額管理制にすれば，医療の人的資源にはなはだしいアンバランスを招く恐れがある。たとえば，病院の産科や外科や小児科に関心をもつ人は少ない。このため，一部の中央研究院の研究員，たとえば陳定信が提起した「20年後，台湾の妊婦は東南アジアへ出産に行くかもしれない」というような批判を招いている[11]。

実は，新政府は2008年5月20日の発足以来，「政治」的配慮のため，保険料の徴収に関する調整はしばらくの間行なわないと公布した。これは全民健保の財務の長期的な安定に関する懸念を生んでいる。

5　長期介護サービス制度

2007年末時点で，台湾の65歳以上の高齢化率は10.21％で，すでに国連が定めた高齢化社会の基準をはるかに超えた。先進国と異なるのは，台湾の高齢者人口の増加スピードが多くの欧米諸国よりはるかに速く，日本とほとんど変わらないことである。台湾の高齢化率が7％から15％まで増加するにはわずか26年間しかかからないと推計されている。現在の10％前後から20％までの増加にはわずか20年間しかなく，欧米の国々の60年間より明らかに速い。こうした背景から，前述した「高齢者の経済保障」と関連する政策が重視されただけでなく，2004年11月から台湾行政院社会福祉グループ推進委員会の下に「長期介護サービス制度企画グループ」も設置された。このグループは2年かかって，2006年末に「長期介護サービス制度企画報告」第1次草案を完成した。そして，2007年2月6日，この報告は社会福祉推進委員会において修正の上承認された。当該計画はすでに行政院の「暖

---

[11]　これは陳定信院士が2008年南港中央研究院の院士会議において，台湾の全民健保が実施されて以来13年間の状況について話したものである。

かい社会福祉セット法案の旗艦計画」に取り入れられた。

サービスの対象

当該計画のサービス対象は以下の4種類である。①65歳以上の高齢者，②55歳以上の山地に住む原住民，③50歳以上の心身障がい者，④IADLs[12]能力がなく，独居の高齢者。行政院の主計処の「戸籍および住宅国勢調査」報告によると，台湾において現在約33万8千人あまりが長期介護の必要がある。そのうち53.9％の人は65歳以上の高齢者で，約18万2351人，高齢者総人口の9.7％を占めている。

介護サービスの項目

長期介護サービス計画報告によると，その対象と項目はおおむね3種類に分けられる。(1)現物補助（サービスの提供）を中心に，現金補助を副次的な補助サービスとして使用することが原則である。(2)障がいを3級に分ける。すなわち①軽度（1か2項のADLs[13]無能力者，およびIADLs能力のない独居高齢者），②中度（3か4項のADLs無能力者），③重度（5項以上のADLs無能力者）である。障がいの程度および家庭の経済状況によって，合理的な介護サービス補助を提供する。(3)対象者が各補助サービスを利用するとき，一部負担をしなければならない。しかも収入が高いほど高齢者の一部負担の費用も多い。また，報告は介護を「在宅式」あるいは「コミュニティ式」と「施設式」との2種類に分けている。

介護サービスに関する利用料等の細則

報告では介護サービスの補助時間数，一部負担，利用料などに関する細則を明確に定めている。たとえば，軽度，中度，重度の障がい者に対して，それぞれ毎月補助する上限の時間数は25時間，50時間，90時間となっている。

---

12) IADLsとは自立した社会生活を可能にする手段としての動作。炊事，家事，洗濯，買物，金銭管理，室外活動などの項目を含む日常生活活動を指す。

13) ADLsとは食事，寝起き，移動，着脱衣，入浴，排泄などの基本的な日常生活動作を指す。

世帯総収入が「社会救助法」が定めた最低生活費の1.5倍に達しない者に対しては，政府が利用料を全額補助する。世帯総収入が最低生活費の1.5‒2.5倍に相当する者に対しては，政府が利用料の90％を補助する。一般世帯に対しては，60％を補助する。政府の補助時間数を超えた部分は全額自己負担になる。現在2時間当たりの利用料は180元で計算し，今後物価指数の変動によって調整する。審査して決めた補助総時間数内であればどのようなサービスも一部負担で利用できる。

　介護サービスや在宅看護やコミュニティおよび居宅の修繕および在宅バリアフリー環境改善サービス，高齢者への配食，ショートステイ・サービス，交通の送迎サービスなどに関しても，企画報告の中に細則がある。

　2007年末までに，行政部門が推進した介護管理制度の整合や長期介護サービス資源の発展などの業務を完成し，2008年末までに，マンパワーの発展，情報システムの整合や発展，財務体系の確立，制度の効果に関する研究などの項目を完成する予定である。

期待される達成目標

　予防的な介護システムが健保制度や，心身障がいに関する制度と整合しているという前提の下に，台湾の長期介護システムは，以下のような目標の達成が期待されている。

（1）　介護に関する管理の窓口を通して，住民により速い便利なサービスを提供する。
（2）　長期介護に関する基礎サービスのマンパワーと施設の発展によって，専門的な介護サービスの発展が望まれる。
（3）　台湾国民の就職機会を創出し，外国籍介護（看護）労働者の増加を抑える。
（4）　民間資源を利用し，多元的な完全なコミュニティ介護ネットワークを設立し，周辺関連産業を連動させる。

　台湾の中央と地方政府は817億元を投入し，2007年から2015年までの間

に,「長期介護サービス十年計画」を推進する予定である。この計画は,短,中,長の三期計画からなる。短期計画では,税方式で対応し,持続的に介護サービス資源,およびその資源を提供するシステムを開発する。また制度の内容を通して国民のサービス利用動向を分析する。中期計画では,今後「税方式」,「独立の保険方式」あるいは「健保と合併する」体制の実行可能性を検討する。長期計画としては,10年後の長期介護サービスシステムの計画を策定する。

今後の発展方向

上で述べたことからわかるように,長期介護サービス制度を実行できるかどうかは関連部門(例えば,内政部の社会司や行政院衛生署,労委会〔人材育成〕や中央健康保険局など)の連携・整合と密接に関わる。また対象者が台湾各地に分布しているため,中央と地方の協力は欠かせない。現在台湾の中央レベルの社会福祉機関が完全ではない状況から見れば,いかに有効に長期介護サービスを実行するかは全体の「組織の再生」[14)]という課題にかかわる。また高齢人数の多さと人口高齢化の速さから見れば,持続的で健全な財政制度の設計は慎重に進められるべきであろう。

6 経済のグローバル化による構造的な失業問題と政策対応

国連の最新資料によると,この30年間の台湾の出生率低下は,韓国(71%),香港(67.5%)と中国大陸(65%)に次ぐ世界4位の60.2%である。アメリカの人口資料局は,台湾の出生率の低下状況は決して緩和する兆しがない,2050年までに台湾の人口は18%減少し,アジア地域では日本の26%に次ぎ,これからの40年間の人口の減少が最も速い地域の1つとなり,総

---

14) 台湾の「組織の再生」は1997年蕭萬長が行政院院長を担当した時にすでに始まり,1998年1月2日に「政府再生綱領」が制定された。その中で,もっとも強調されたのは意識の改革である。言い換えれば,政府がどのように「管理者」から「サービスの提供者」へと役割を転換するかということである。企業の経営方式を学んで国家の競争力を引き上げることが要務である。その他に,「社会福祉」業務を含む行政院の各部の調整は各界が注目するところとなった。

人口が現在の2300万人から1890万人に減少すると予測した。この状況はすでに「少子化」という言葉では十分に形容できないものであり，行政院の経建会の官僚は「超少子化」と名付けた。

「超少子化」の背景には台湾人の晩婚・晩産化があると一般に認識されている。内政部の資料によると，2007年で結婚適齢期の男性の3分の1，女性の5分の1が未婚である。すでに結婚したとしても，台湾女性の出産願望は低い。

少子化は教育，消費，労働力の構造に衝撃を与える以外に，「高齢化」と同時に現れるとき，伝統的な家庭が担ってきた介護やその他扶養の役割は「施設化」に転換しなければならない。近年，世界中に議論されている「養老」と「長期介護」の問題は多かれ少なかれこの現実を反映している。

労働世帯の所得保障法案

社会が「少子化」と「高齢化」の衝撃に直面する時，経済のグローバル化による構造的な失業問題も加わり，元々衰弱していた家庭機能は更なる一撃に堪えられなくなる。その中，台湾および世界各地で「M型社会」[15]，「ニュープア（New-Poor）」，「ボーダライン貧困者（Near-Poor）」，「ワーキングプア（Working-Poor）」等が出現している。現実に，最近台湾民進党の立法委員が提出した「全体国民に税金の払戻，弱者に補助する」という法案は，インフレーションによる石油や電気および他の物価の上昇による国民の生活の困窮に対応するために，打ち出されたのである。再度政権についた国民党も，2008年7月1日に1世帯の一年間の労働総収入が20万7360元から30万元までの世帯のために，「労働世帯所得保障法案」を打ち出した。内政部の予測によると，この法案の受益者はおよそ45万世帯で，必要な経費は135億元である。この法案は2008年9月から2009年2月まで半年間施行する予定である。月収2万5000元（年収30万元）を基準として[16]，不足部分を政府が補助する。1世帯当たり毎月最高7720元が補助され，半年内に合

---

15) 「M型社会」という概念はアメリカ籍日系研究者の大前研一によって提起された（大前 2006）。

計4万6320元の補助が得られる。ただし，高い利子所得あるいは不労所得のある人は当該法案の補助対象にならない。

この法案では申請者の2006年と2007年の源泉課税徴収票によって審査を行うことになっている。労働年収が20万7360元以下の世帯は「低収入世帯補助制度」を通して補助を申請し，仕事がない世帯に対しては失業保険あるいは他の制度を通して問題解決を求めることになっている。

労働者失業保険給付

グローバル化に応じて，多くの企業の工場の海外移転，あるいは閉鎖休業による失業問題に対して，台湾政府は「労工保険条例」第74項に基づいて，1999年1月から「労働者保険失業給付実施弁法」を制定し，労働者の失業保険給付を始めた。その間，1999年8月1日と2001年1月1日に2回当該法規を修正し一層完全なものとした。

2001年に「持続的経済発展会議」を開催した後，行政院は正式に「就業保険法」草案を制定し，立法院の審議を通して，2003年の元旦から正式に実施した。当該法は満15歳以上60歳以下の台湾籍の雇用労働者を対象とし，公務（教）員保険・軍人保険の加入者，労働者保険の高齢者給付の受給者，公務（教）員保険の高齢者給付の受給者は除く。雇用主あるいは機関は強制的に保険に加入する義務が課せられるが，法的に登録手続きが免除されかつ査定課税がない，または，法的に登録手続きが免除されかつ統一した領収書・証明書がない雇用主あるいは機関は適用外である。

この保険の給付内容は主に，①早期就職補助手当－主に失業給付受領期限前に雇われ，しかも規定に従って満3か月以上の職業保険に加入した者を対象とする，②職業訓練生活手当－非自発的に離職し，公立就職サービス機関で求職手続きをし，全日制の職業訓練を受ける者を対象とする。③本人および家族（離職で保険を退出した被保険者の追加保険に加入した家族を除く）

16）月収2万5000元という基準は，「貧困ボーダライン世帯」の定義に基づいて採用された。「貧困ボーダライン世帯」とは，月収1万7280元－2万5000元（年収20万7360元－30万元）の階層を指し，上限額は収入階級における第Ⅰ十分位階級の収入額，下限額は労働基準法による最低基本給に相当する。

表 2 台湾の就業（失業）保険給付（2003 - 2007 年）

類別	2003 件数	%	2004 件数	%	2005 件数	%	2006 件数	%	2007 件数	%
給付件数	558,987	100.00	474,039	100.00	538,623	100.00	612,639	100.00	800,474	100.00
失業給付	325,340	58.20	212,097	44.74	250,600	46.53	276,811	45.18	298,859	37.34
早期就職補助手当	5,793	1.04	12,496	2.64	17,200	3.19	20,934	3.42	25,137	3.14
職業訓練生活手当	12,768	2.28	12,340	2.60	13,050	2.42	12,207	1.99	14,792	1.85
全民健保保険料補助	215,086	38.48	237,106	50.02	257,773	47.86	302,687	49.41	461,686	57.68
平均一件の補助金額	10,685 元		9,404 元		10,069 元		10,041 元		8,541 元	

出所：以下のデータ出所より筆者が整理作成。行政院労工委員会労工保険局全球資訊ホームページ，2008/4/22，96 年統計年報―開辦起就業保険実際保険給付―按給付種類分，http://www.bli.gov.tw/attachment_file/report/year/096/h 820.htm

の全民健康保険料（自己負担部分）の補助，の3つである。失業給付は毎回6か月を期限とする。近年の各給付件数を**表 2**に示す。

　保険料は被保険者が保険に加入した月の月給の1％である。被保険者が20％，企業が70％を負担し，残りの10％は，省轄市以外ならば中央政府が全額補助し，直轄市ならば中央政府が5％，直轄市政府が5％を負担する。重度心身障がい者の被保険者の保険料は全額政府が補助し，中度障がい者に対しては50％，軽度障がい者に対しては25％を政府が補助する。

7　知識経済時代における人的資源計画

　前述したように，「少子化」と「高齢化」は台湾の労働市場にある程度の衝撃を与えた。行政院経建会の予測によると，今後10年間（2007 - 2017年）に，高齢化の影響で労働力人口の負担が重くなるだけではなく，社会福祉す

なわち養老ニーズも大幅に増える。労働力の構造にも明らかに高齢化の趨勢が現われる。資料によると，今後10年間に，45-64歳の中高年労働力人口の労働力総人口（15-64歳）に占める割合は2007年の34.2％から41％まで上がる。一方，「少子化」は，明らかに就学人数の減少を招く。6-11歳の人口は，2007年の175万人から2017年の121万人まで約30.8％減少する。12-17歳の人口は同期間に，194万人から145万人まで約25.3％減少，18-21歳の人口は同期間に125万人から118万人まで約5.6％減少する。不思議なことに，この十数年の間に，台湾では短大（台湾語では「大専」）の数が倍増している。現在，短大は合計164校あり，在学生は合計131万人いる。短大以上の卒業生は毎年30万人以上にのぼる。これは短大以上の学歴を備える者の労働力市場での割合（37％）を高めることに役立ったが，需給の均衡を失い，短大以上の学歴をもつ若者の失業者数と失業率が高いままで下がらない（現在，このような失業者数は約15万人，失業率は4.4％で，平均失業率の3.91％よりも高い）。

　行政院経建会の研究報告によると，台湾の将来の人的資源の需給は依然として上層部と基層部が不足で，中層部が過剰という状況が続く。2005年から2015年まで，台湾においては4.5万人の上層部の専門的管理人材と33万人の基層部の人材が不足し，中層部が0.4万人過剰であるという。

　「知識経済」時代の特徴に基づいて，行政院科学技術顧問グループは2007-2009年の3年間において，政府が提出した「両兆双星」[17]と情報に関する6大科学技術産業[18]発展政策に合わせて，人材の需給に関する調査を行なった。調査によると，需要は10.7万人増加し，職業に合致する人材の不足が2.2-4.9万人にのぼるという。経建会による推測では，毎年約1200-2000の職務に関して海外から人材を導入することになる。以前はアメリカや日本から人材を取り入れていたが，近年は中国大陸やインドが注目される

---

17)　「両兆双星」というのは，台湾の2008年からの6年間，経済建設計画における重点発展産業のことである。具体的には，半導体とカラー映像ディスプレイの2産業の生産総額が2006年の時にそれぞれ1兆元を超えたこと，かつデジタルコンテンツと生物技術産業が発展の潜在能力のあるスター産業であることを指す。詳細は徐（2002）を参照のこと。
18)　情報に関する6大科学技術産業は半導体，映像ディスプレイ，通信，インフォメーションサービス，デジタルコンテンツ，バイオ技術産業である。

地域となっている。しかし，言語やビザに関する規定の厳格な制限によって，海外から人材を導入することは予想通りにうまく進行しているわけではない[19]。

8 社会福祉の政治経済学

70年代に，著名な経済学者W. W. ロストウは，どの社会でもその発展はまず経済，政治の発展が先行し，そして社会が発展するという軌跡をたどると指摘した。言い換えれば，国家あるいは地域はまず経済の成長を重視し，次に政治の民主化を求め，最後に社会福祉の発展に進む。台湾の社会発展は基本的にこの論理に合致している。

前述したように，台湾の社会福祉の大幅な発展は台湾政治の民主化の進展と密接にかかわっている。国民党政府は「財政の健全化」という呪文の下で，90年代にリスクの分担と自助・相互扶助の仕組みである「社会保険」を貫き，「全民健保」と「国民年金」という2つの制度もこの精神・原則を守っている。しかし，一党制の政治枠組みを離れ，「民進党」の圧力と競争に直面したとき，「貧困を救済する」前提の下に「手当」の約束手形が続々と振り出された。それらの「手当」は税を財源とするから「もとをただせば自分の身から出たもの」であるにもかかわらず，国民の中にはそれを忘れてしまった人もいた（2006年における租税負担率は13.5％である）。政治家は自分の任期と得票にしか関心をもたなくなり，各種の「手当」[20]は削減されず，かえって絶えず増えている。一部の研究者が「世代間の負担」の公平について注意を促しても，「うるさいカラス」と言われる。

[19) 台湾にとって，「移民」という言葉は長期間国外へ移出する人口を指す。近年，台湾移民（移入者）の95％は中国大陸と東南アジアの「婚姻移民」である。基本的に，台湾においてほかの形式の移民（例えば，労働移民，投資移民，技術移民，招聘移民など）はあまり見られない。しかし，グローバル化の競争状況の下で，台湾政府も近年アメリカやカナダのような「永住権」カードあるいはEUのグリーンカード，近隣の韓国の3つのカード（IT Card, Gold Card, Science Card）の開発を始めた。

20) 台湾政府が出した給付は，低所得高齢者生活給付，高齢農民給付，低所得心身障がい者生活給付，栄民生活給付，高齢者福祉給付などがある。

図4　台湾政府の収支残高および未返済の借金額の変化（1997 - 2006 年）

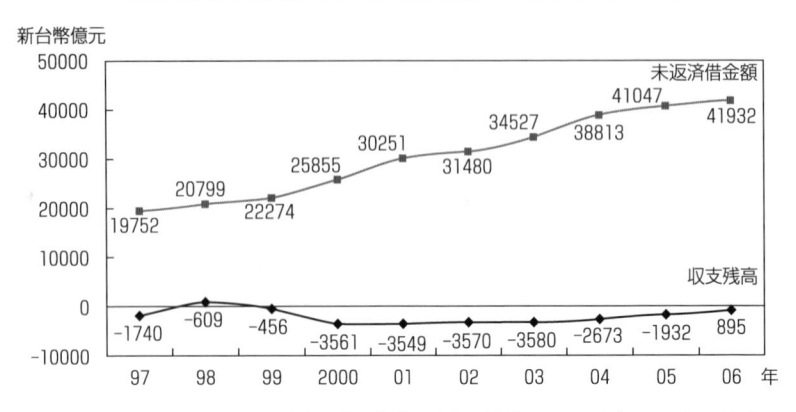

新台幣億元

年	97	98	99	2000	01	02	03	04	05	06
未返済借金額	19752	20799	22274	25855	30251	31480	34527	38813	41047	41932
収支残高	-1740	-609	-456	-3561	-3549	-3570	-3580	-2673	-1932	895

出所：以下のデータ出所より筆者が整理作成。財政部統計局，2008/6/18，97 年 5 月重要財経統計資料，財政部ホームページ，http://www.mof.gov.tw/public/Attachment/8721620790.xls

　責任を負わない政府，国会に加えて，国民の情報不足あるいは無知は過去 8 年間の中央政府による多くの借金の増加を助長することになった。すなわち，過去 8 年間，政治家たちは「民主化」の看板を立てているが，経済発展・成長に関する良好な成績は残しておらず，国民の苦痛指数[21]はさらに上昇した。「民主」のいいところは，国民に政治への「信頼」の投票権が与えられることであり，政権交替が再び実現されたことである。しかし，過去 8 年間に関しては，台湾は痛ましい代価を払った。中央政府の借金は 8 年前の 2 兆元から現在の 4 兆元まで増えた（図4）。隠れた借金はさらに 13 兆元までのぼっている。そのため，再度政権についた国民党政府は，583 億元を借金して「内需を拡大する法案」を採用した。

　しかし，この法案が出されたとたん，立法院の潘孟安が率先した 27 名の民進党委員が全員署名した「税金の払い戻し案」を提出し，この金額（583 億元）を税金の払い戻し方式で 290 万世帯の中低所得世帯に給付すべきだと要求した。民進党は台湾でだけではなく，アメリカや，近隣のシンガポール，香港，韓国，マカオなども，この手段でインフレの影響に対応していたと強

21）　苦痛指数は高失業率と高インフレが同時に現われた時の状況を指す。

調した[22]。民進党のこの提案はメディアから「国民のためという大義名分をもっているが,自分の政治利益をむさぼるのが真の目的である」という批判を浴びせられた。一部のメディアは明確に「民進党がこの提案を提出した動機は弱者を救済するよりも政治利益に関する考慮が大きかった。内需拡大は政府が借金して行なうこともあるが,世界中に「借金」で「税金を払い戻す」政府はない。もしこの方法がよければ,民進党が執政した8年間にすでに行なったはずである」と指摘した[23]。いずれにしても,社会福祉における政治経済がこれによって垣間見られるであろう。

9 おわりに

1990年まで,台湾の社会福祉の発展の過程は平坦ではなかったが,全体的に見れば,各制度の創設は一層多くの「人道」への配慮,一層高い「人権」の基準および,さらなる広い「国際視野」に向かって発展している。ところが,「年金」や「健保」や「失業保険」あるいは「手当」およびその他の「福祉サービス」などの政策はいずれも,台湾の経済成長が鈍化し,財政

---

22) シンガポール,香港,韓国及びマカオの2008年2-6月までの税金の払戻提案は,いずれも2007年の財政と税収が黒字の前提の下に出されている。最初に税金の払戻を公布したアメリカ政府は,2008年1月25日に1400億ドルを1億1700世帯に,1人あたり最高新台湾ドルで18000元を払い戻すと宣言した。シンガポール政府は2月15日に,財政黒字の18億シンガポールドルを納税者に,1人あたり新台湾ドルで約4.4万元を払い戻すと宣言した。その後,同月27日に,香港政府も1156億香港ドルを市民に,1人あたり最大新台湾ドルで約9.7万元を払い戻すと宣言した。4月22日に,マカオ政府は財政黒字の23億マカオドルを市民に,一人当たり約2.2万新台湾ドルを払い戻すと公布した。また,韓国政府は6月9日に,財政黒字と石油関連税の合計10.49兆ウォンを国民に,1人あたり約7000元新台湾ドルを払い戻すと公布した。

これらの国々の共通点は財政あるいは税収が黒字であることであるが,台湾は黒字ではない。しかし,政府は,ほかの国が台湾のように補助で物価の上昇に対応する政策を採用しているわけではないと強調している。また,アメリカといい韓国といい,その税金負担率は20%を超えているが,台湾はわずか13%しかない。また,税金の払い戻しの対象者は納税者に限っているが,台湾における500万世帯のなかで,半分にあたる貧困線以下の世帯は納税義務がないため,これらの弱者は自然に税金の払戻法案の受益者になれないであろう。

23) 詳細は林・頼(2008)を参照のこと。

がますます悪化している時期に創設されてきた。さらに，現在台湾はちょうど前例のない人口や家族の構造転換期にある。台湾の低出生率 (2005年の 1.115)，2015年に到来すると予測された人口のマイナス成長が2006年に9年も早く到来した。「少子化」と同時に現われた「高齢化」は，現在の高齢者扶養比7.5：1を20年後には3.5：1にする。これらの状況に対して，研究者たちは何度も高齢者の退職年齢や高齢者の人的資源の活用や高齢者の居住などに関心を向けることを呼びかけた。また，4大基金 (公務〔教〕員保険，労働者保険，退職・死亡補償給付，郵政) に関する運用や管理に対して早めに準備するよう強調した。

社会福祉の財源を確保するために，研究者たちは，他国の経験を参考にして異なる体制 (税方式，保険，個人口座など) を慎重に選択することの重要性を強調した。多くの国や地域が採用した「民営化」戦略も検討されたが，「社会安全税」の徴収を含んだ税制改革の声も絶えない。そのため，政府は再び「税制改革委員会」を設立した。有名な企業家張忠謀は，グローバル化の衝撃の下で，日ごとに明らかになる「社会M型化」の状況に対して，政府が「金持ちに増税，貧困者に減税」という目標を実現するために，総合所得税率が40％に達する高収入者に対して増税し，中産階級や低所得者 (たとえば，33％，21％，13％，6％の税率での納税者) に対して減税すべきと提言した。彼は高所得者が依然として必要のない租税優遇措置を享受することを避けるために，「産業進級の促進条例」[24]の撤廃を実現すべきと主張している[25]。

24) 台湾の「産業進級の促進条例」は1991年1月1日から実施され，1999年末に終了する予定であったが，修正によって2009年末まで延長された。「租税優遇」はこの条例のなかで重要な部分である。実施して以来，利用できる者は少数の金持ちであり，不公平な競争を招きやすいとわかったため，財政部は撤廃する立場である。一方，経済部は「租税優遇」は政府が新興産業を育て上げ，企業の投資を励ます主な政策手段であるという理由で，財政部との意見を異にする。現在は以下のような共通認識に達している。すなわち，①租税の帳消しと減免を1つ選択し，重複して享受はできない。②社会公正のための個人と企業の最低租税制度を創設する。③貧富の差の拡大を防止するために，キャピタル・ゲインの租税減免の上限を設定する。
25) 2003年の資料によると，台湾の最も裕福な40人のなかで，8人が何の税金も納付しておらず，15人がその所得の1％に相当する税金を納付し，わずか5,6人だけが正常に納税していた。

もちろん，社会福祉は政策・制度の問題に関わっているだけではなく，多くの技術面にも関係している。本稿は，紙幅に限りがあるため，台湾の社会福祉体制の沿革の全貌について詳しく論述しつくせない。ここでは，福祉体制の開発は世代間の公平や世代内の連帯に対して配慮するだけではなく，ジェンダー平等にも併せて気を配るべきであることを指摘しておきたい。20年近くの発展を通して，台湾の「社会福祉」体制は福祉・労働と税政策が一体になった制度になった。今まで「福祉国家」に対する認識がなかった台湾にとって，もし「社会福祉制度」を1つの契約にたとえるなら，「信頼性」（国民の政府に対する信頼，コミュニティ・民間団体に対する信頼，および国民の間の相互信頼）を高めることほどより切実で根本的なものはないであろう。

（徐栄訳）

■参考文献

大前研一 2006『M型社会：中産階級消失的危機與商機』台北：商周出版。
教育部 2007『中華民国教育統計（民国96年版）』台北。
行政院主計処編印 2007『社会指標統計年報（2006）』台北。
行政院労工委員会労工保険局 2006『中華民国九十四年労工保険統計年報』台北：労工保険局編印。
行政院經建会人力規劃処 2008『国民年金法』簡報，台北，p. 20。
行政院經建会人力規劃処 2008『「労工保険條例」部分條文修正草案』簡報，台北。
行政院經建会人力規劃処 2008『我国長期照顧十年計画―大溫暖社会福利套案之旗艦計画』簡報，台北。
行政院經建会人力規劃処 2008『我国長期照顧十年計画目前推動情形與遭遇困難』台北。
行政院經建会人力規劃処 2008『我国人才供需問題與延攬對策』台北。
行政院經建会人力規劃処 2008『吸引外籍優秀人才來台措施』台北。
行政院経済建設委員会 2007『都市及區域発展統計彙編』台北。
行政院農業委員会網站「農業統計要覧」http://stat.coa.gov.tw/dba-as/As_root.htm，2008/7/2。
財政部網站「中華民国95年財政統計年報」2008/7/3。http://www.mof.gov.tw/public/Data/statistic/Year_Fin/95電子書/htm/yearmenu.htm,
財政部網站「中華民国95年税賦統計年報」2008/7/2。http://www.mof.gov.tw/public/Data/statistic/Year_Tax/95電子書/htm/yearmenu.htm。

徐明宜 2002/6/12「『兩兆雙星』之評析」，財団法人国家政策研究基金会，http://old.npf.org.tw/PUBLICATION/TE/091/TE-C-091-033.htm.

銓敘部網站「中華民國九十六年銓敘統計年報」http://www.mocs.gov.tw/index.htm, 2008/7/5。

全国法規資料庫「国軍退除役官兵就養安置辦法」http://law.moj.gov.tw/Scripts/Query 4 A.asp?FullDoc＝all&Fcode＝F 0150015, 2008/7/4。

台湾地区家庭収支調查網站「家庭収支調查歴年報告（民国79年，94年）」http://win.dgbas.gov.tw/fies/result.asp.

中央健康保険局編印 2007『中華民国九十五年全民健康保険統計』台北：中央健康保険局。

中華民国招商網「主要経済指標－失業率，経済成長率，消費者物価変動率」http://investintaiwan.nat.gov.tw/zh-tw/env/stats/, 2008/7/4。

陳小紅 2000「不同国民年金方案對人民權益之影響」羅紀瓊『曾巨威共同主持，国民年金制度對政府財務負担與人民權益影響之研究』台北：行政院経済建設委員会委託計画，p. 6-1-6-40。

陳小紅 2003「普世価値，意識型態與台湾国民年金制度之規劃」，鄭功成・張其恆等主編『変革中的就業環境與社会保障』北京：労働社会保障出版社，pp. 559-579。

陳小紅 2005「持續演変中的台湾「退休養老」制度」『2005年兩岸四地社会福利学術研討会論文集』武漢：中華文化社会福利事業基金会，中南財經政法大学及武漢大学共同主辦。

陳小紅 2006「国民年金模式的探索：台湾新世紀初社会福利政策的建構」郭明政主編『社会保険之改革與展望』台北：政治大学法学院労動法與社会法研究中心，pp. 287-312。

陳小紅 2006「台湾的人口轉型及其社会政策意涵」『澳門社会福利發展：特点與趨勢』澳門：澳門大学澳門研究中心，pp. 71-97。

陳小紅 2007『大陸配偶在台生計現況訪視調查計画』台北：行政院大陸委員会。

陳小紅 2007『我国社会品質發展現況及未來相関發展議題』台北：行政院研究發展考核委員会。

陳小紅 2008「M型社会的成因及影響——「全球化」的観点」『M型社会的新貧現象與福利措施』台中：中華救助總会及朝陽科技大学社会工作系，pp. 21-40。

陳小紅・羅紀瓊 1996『我国社会福利体系之實施與評估』台北：行政院経済建設委員会。

内政部 2007『中華民国人口統計年刊（民国九十五年）』台北：内政部編印。

内政部統計資訊服務網「内政統計年報」http://www.moi.gov.tw/stat/, 2008/7/4.

内政部統計資訊服務網「内政国際指標」http://www.moi.gov.tw/stat/index.

asp, 2008/7/3.

法源法律網「軍人保險條例」http://db.lawbank.com.tw/FLAW/FLAW-DAT 0201.asp, 2008/7/2.

法源法律網編輯室 2008/5/29「「保險」年金不併農保，政院擬修正国民年金法」法源法律網，http://www.lawbank.com.tw/fnews/pnews.php?nid＝60270.00.

林新輝・賴昭穎 2008/6/25「直言集」聯合報。

Chen, Hsiao-hung Nancy 2003 "A Case Study of Chinese Taipei", Chanyong Park and Kye Woo Lee eds., *Globalization and Social Safety Nets in Asia-Pacific Region,* Seoul, Korea: KIHASA:APEC SSN CBN Head Institution, Ministry of Health and Welfare, pp. 49–86.

Chen, Hsiao-hung Nancy 2005 "Universal Values versus Political Ideology: The Virtual Reform Experience of Taiwan's National Pension Plan," John Doling, Catherine Jones Finer and Tony Maltby eds., *Ageing Matters: European Policy Lessons from the East,* UK: Ashgate Publishing Limited.

Chen, Hsiao-hung Nancy 2006 "Social Safety Nets and Socio-economic Disparity under Globalization", Paper presented at APEC Symposium on Socio-economic Disparity, Sponsored by the Ministry of Foreign Affairs and Trade, Korea/KIEP, Seoul, Korea, June 28–29.

Chen, Hsiao-hung Nancy 2007 "Labor Market Interventions under Globalization: A Case Study of Chinese Taipei with Comparison to Some other APEC Economies", Singapore: APEC Secretariats.

Council for Economic Planning and Development, Executive Yuan 2007 *Taiwan Statistical Data Yearbook (2007),* Taipei: Council for Economic Planning and Development, Executive Yuan.

OECD, Taxation Tax Policy-Statistics, http://www.oecd.org/statisticsdata/0, 3381,en_2649_34597_1_119656_1_1_37427,00.html, 2008/7/2.

Rostow, W. W. 1971 *Politics and the Stages of Growth,* Cambridge: Cambridge University Press.（高坂正堯・山野博史・戸部良一訳『政治と成長の諸段階（上・下）』ダイヤモンド社，1975年）

＊ 本章は2008年7月に執筆されたものである。

第 9 章　台湾における社会保障財政の持続可能性

呉　文傑

1　はじめに

　いくつかの重要な改革を経て，台湾の社会保障制度は徐々に先進国に追いついてきた。同時にそれは，大部分の国民を保護する重要なセイフティ・ネットとなっている。たとえば1994年の国民健康保険の導入は，台湾の社会保障制度をより完全なシステムへと推し進める上での大きな一歩であった。これによりほとんどの国民がカバーされ，低所得層の人々が適切なヘルスケアや医療を受けられるようになった。実際に，それはいまや世界で最も成功した国民健康保険制度の一つと考えられている。さらには，来るべき国民年金制度の実施が，これまでどの職域年金制度にも属さなかった退職者たちをカバーすることになる。やがて台湾の社会保障制度は，社会保険（労働保険，公務員保険，雇用保険，農業従事者保険，国民健康保険），退職年金（民間部門・公共部門別の職域年金，および国民年金），準年金（各種の高齢者手当），そして資産調査プログラムなどから形成される完璧な安全網となるであろう。

　一般に，安定した社会保障制度のためには十分かつ持続可能な財政力が必要であるとされている。実際に世界の先進福祉国家の多くが，社会保障制度の財政破綻の問題に取り組んできている。積極的に福祉国家へと向かう最近

の先進国経済のように，台湾もその社会保障制度における財政上の課題に取り組まなければならない。台湾の社会保障制度に関して現在の状況は，社会保障支出全体が近年著しく増加してきているということである。たとえば財政部（Ministry of Finance）による統計資料に基づけば，社会保障支出の総額（国・地方を含むすべての行政レベルでの）は，1993年の289億NT$（新台湾ドル）から2007年の662億NT$へと増加している。またこの間の，財政支出総額に対する社会保障支出総額の割合も，1993年の17％から2007年の29％に増えている。この増加傾向は国家財政レベルのみを取ってもあてはまる。国家財政支出の数値データによれば，国家予算における社会保障支出と年金支出は，1993年にはそれぞれ107億NT$と79億NT$であったが，2007年には323億NT$と135 NT$へと共に上昇している。加えて国家予算全体に占める社会保障支出と年金支出の割合も，2003年にはそれぞれ10.7％と7.9％であったものが，2007年には21.1％と8.8％へと上昇している。IMFの分類に基づく社会保障および社会福祉支出の数値データを用いた場合でも，同様の傾向がみてとれる。社会保障および社会福祉支出は総額では2003年の202 NT$から2007年の418億NT$へと増加しており，その支出全体に占める割合も2003年の18.3％から2007年の24.9％に増えている。

　実際のところ，すべての社会保障制度に関する数値データを正確に収集することは非常に難しい。なぜならば，異なる部門のデータは異なる行政部門から公表されていることがしばしばあるためである。ところが幸運にも，行政院主計処（Directorate General of Budget, According, and Statistics: DGBAS）が，台湾の社会保障に関する財政上の課題を分析するための特別な研究を2006年に行ない，内政部（Ministry of Interior），財政部，退役軍人問題委員会（Veteran Affairs Commission），労働問題審議会（Council of Labor Affairs），労働保険局（Bureau of Labor Insurance），国民健康保険局（Bureau of National Health Insurance），中央信託局（Central Trust of China）などからのデータを集約させた。この行政院主計処の報告書（2006 a，2006 b，2006 c）は様々な社会保障支出および収入の全体像を要約するのに役立つものである。これらの報告書によれば，社会保障支出総額は

2005年で1265億NT$である。そしてその対GDP比も2000年の9.4％から2005年の11.1％へと上昇し，この比率は今後数年は上昇を続けることが予想されている。

　早急に回答が求められる重要な質問の一つは，現在の財源から得られる社会保障収入は現在の支出を賄うのに十分かどうかである。一般に，公共・民間両部門の雇用主および労働者の拠出金，税（目的税および普通税），そしてその他の収入が，台湾の社会保障制度における現在の主要な3つの財源である。行政院主計処の報告書から得られる数値は，社会保障収入が増加していることを示唆している。たとえば2000年の収入の総額は1067億NT$であったが，2005年には1421 NT$へ増加している。社会保障制度全体では2005年時点でまだ156億NT$の余剰があることが示されている。しかしながら，国民健康保険や労働保険などのような個別かつ主要ないくつかの制度では，すでに何年か赤字が続いている。これらの赤字は徐々に社会保障制度の安定性を脅かしてきている。

　いくつかの部門における近年の破綻の危機に加えて，急速な高齢化や経済成長の鈍化，そして絶え間ない政治紛争など，台湾の今後の発展における動向について考えた場合，それらに対する適切な手立てを何もとらないままであれば，社会保障制度における財政の持続可能性を妨げることになるだろう。本章の主要な目的は，台湾の社会保障制度における持続可能性を，現在の財政状態と将来の社会的・経済的・政治的発展の傾向に基づいて評価することである。本章では以下のことを論じている。まず2で，台湾の社会保障制度における最近の改革と現在の構造を紹介し，続く3では社会保障制度を部門別にまとめている。また，現在の財政状況については4に記述し，社会的・経済的・政治的発展に基づく財政の持続可能性に関する予測を5で行なっている。そして結論を最終項でまとめている。

2　台湾の社会保障制度における最近の改革と現在の構造

　ここ10年のいくつかの改革以前の社会保障制度は，社会扶助と社会福祉プログラムとともに職域保険制度（労働保険，公的雇用保険，そして農業従

事者保険など）と職域年金制度（公務員年金や旧労働年金など）だけであった。そこで台湾政府は、すべての人に社会保障の網を保障するために社会保障制度におけるいくつかの改革を徐々に行なっていき、すべての国民をカバーする国民健康保険制度を 1994 年に施行した。その目的はさまざまな職域の健康保険を統合し、そしてどの保険の被保険者でもなかった人々を健康保険制度の傘の下に包含することであった。財政破綻の危機はたびたびあったが、しかし全国的な人気を勝ち取り、また多くの貧しい台湾人を病の恐怖から守ってきた。

次に失業（者）保険（あるいは雇用保険と呼ばれる）制度が 1999 年に実行に移された。それ以前の台湾の労働保険とは、当初は失業手当のことであったが、実際には実施されていなかった。1990 年代後半になると、景気の後退とアジアの経済危機のために多くの労働者が突然職を失った。そのため政府はその実施を決めたのである。3 つ目に、個人年金口座に伴う新しい労働年金制度が 2005 年に施行された。労働者の総賃金の一定割合が年金積立金として中央信託局（Central Trust Fund）に拠出されたにもかかわらず、労働者は個人の給与の 6％以上を彼ら自身の口座へ拠出する責任を負っている。この年金口座は仕事を変えても継続することができる。このことは転職の動機を高めた。労働者は 60 歳以上になると年金の受給資格をもち、15 年以上の拠出があれば月々の年金を受け取ることができる。さもなければ、彼らはたった一度きりの年金しか受け取れない。

最後に、第一段階の国民年金制度は 2008 年の終わりに実施に移される予定となった。15 年かけた計画ののち、国民年金に関する法律が 2007 年についに議会によって承認され、2008 年の 10 月までに正式に設立されることになっている。この国民年金制度の主な目的は、いずれの職域年金制度にもカバーされない人々を年金の枠組みの中に包含することである。さらに 2 つ目の目的は、高齢者のためのさまざまな地域限定の退職者手当を統合することである。この国民年金の枠組みは、確定給付型の賦課方式をとる予定であり、定率の拠出による定額の給付となる。

3 部門別に見た社会保障制度

社会保険部門

公務員保険の主な収入源は、公務員（被保険者）と政府（雇用主）の双方による拠出である。公務員個人が月々に支払う保険料（拠出）の水準は、彼らの月々の基本給にもとづいている。実際のところ、公務員の基本給は、彼らの名目上の給与額の一定割合のみとなる。公務員保険の現在の保険料率は7.15％であり、被保険者である公務員は保険料負担の35％を、政府は残りの65％を負担している。

公務員には、扶養家族死亡手当、障害手当、死亡手当、高齢給付金という4つの主要な保険がある。まず扶養家族死亡手当（配偶者や両親など）は基本給の3か月分である。また被保険者が完全障害者となった場合には基本給の36か月分、半障害者の場合は18か月、そして部分的な障害をもった場合には8か月分を受け取ることができる。さらには、もし被保険者が職務上の理由で死亡した場合には、基本給の36か月分の手当を、職務以外の理由の場合には30か月分の手当を受け取ることができる。高齢給付金は公務員の被保険者であった年数に連動しており、被保険者期間が5年を超えれば、彼らは最低基本給の5か月分を高齢給付金として受け取ることができる。20年以上の被保険者期間がある者に支給される高齢給付金の上限は、基本給の36か月分である。

労働保険の主な財源は、労働者、雇用主、そして政府からの拠出であり、それぞれが保険料負担の20％、70％、10％ずつを負担している。労働保険の保険料の基準は労働者個人の給与によるものであり、名目上の給与のレベルによって23段階に分けられている。最も低い階級は1万5840 NT$で、逆に最も高い階級は4万3900 NT$となっている。傷害保険の保険料率は現在5.5％であり、事故や災害、高齢の各保険に加えて、労働者は雇用保険のために追加で給与の1％を支払わなければならない。

被保険者である労働者はいくつかのタイプの保険給付の資格を有することになる。たとえば出産補助や災害補償、障害者手当、被保険者およびその扶

養家族の死亡手当，そして高齢者扶助などである。労働者は 30 日分の出産補助を受け取ることができる。また，もし災害事故のあった労働者がその怪我や病気のために働くことができない場合，その怪我や病気になった日の 4 日を過ぎた日から給与の半分を受け取ることができ，障害を負った労働者は障害者手当として，その程度に応じて給与の 1 - 40 か月分を受け取ることができる。扶養家族（配偶者，両親）が亡くなった場合には給与 3 か月分が，もし被保険者自身が亡くなった場合には，遺族には給与 5 か月分の死亡手当と，保険加入期間に応じて 10 - 30 か月分の遺族手当が支給される。さらに，退職者が次の条件に該当する場合には，高齢者手当を受け取ることができる。その条件とは，はじめに 1 年以上保険に加入していること，2 つ目に男性は 60 歳，女性は 55 歳以上であること，3 つ目に同じ職場での保険加入が 25 年以上になることである。その場合，被保険者は平均月給に基づいて高齢者手当を受けとる。もし失業した場合には，彼らは失業手当として，最後の月給の 60 ％に相当する額を最高で 6 か月間受給することができる。

国民健康保険が始まる以前，農業従事者の健康保険はもっぱら農民組合（farmer association）に加入している農業従事者のためだけの排他的な健康保険であった。その保険料率は，保険金月額の 6 ％ - 8 ％の間の水準に制限され，実際のところ 6.8 ％だった。またその時の保険金月額は 1 万 200 NT$ であった。現在の保険料の負担割合は，政府が 70 ％で被保険者が 30 ％となっている。農業従事者保険は災害給付の 5 つの領域をカバーしており，それは傷害，疾病，出産，障害，そして死亡給付である。傷害および疾病手当てはともに現物（医療）給付であり，出産・障害・死亡手当は現金給付となっている。しかし国民健康保険が設立されて以降は，農業従事者保険の医療給付の部分はそこに吸収された。その結果，医療給付以外の部分をカバーする農業従事者保険の保険料率は 2.25 ％に下げられた。

国民健康保険は最新かつ最大の社会保障部門であり，台湾のほぼ全人口をカバーしている。被保険者の拠出分は，被保険者自身と雇用主，そして政府が負担している。公務員として働く被保険者については，政府がその保険料の 70 ％を負担する。政府はまた，農業および漁業従事者についても 70 ％の保険料負担をし，さらに低所得世帯や軍人，そして退役軍人については，そ

の保険料の全額を負担している。私立学校の職員については，被保険者本人が保険料の30％を負担し，残りを雇用主と政府が折半する。民間部門の雇用者についても自己負担は30％で政府の負担は保険料の10％のみとなっている。自営業者は自分で60％を負担し残りを政府が支払い，さらに雇用主は自分自身で保険料の100％を支払っている。

保険料（拠出）の方式は，被保険者が給与を得ている場合と得ていない場合で異なっている。雇用主のいる被保険者は，その月給に応じた保険金額を基準とした月々の保険料率を支払わなければならない。一方で，給与を得ていない人々は平均基礎保険額を支払うこととなる。

退職年金部門

前述のとおり，公務員は公務員保険プログラムによってカバーされた高齢給付金を受け取ることができる。それに加え，彼らが退職した際には年金も受給できる。公務員の拠出は働いていた間の基本月給の2倍の額の8‐12％であり，その拠出の65％は政府が負担している。もし彼らが公務員として働いていた期間が5年以上15年未満の場合，彼らが受け取れるのは一度きりかつ一括払いの一時金である。しかし，もし15年以上働いていた場合には，次の選択肢の中から選ぶことができる。それは同様に一括払いの一時金か，月々の給付か，またそれを混合したタイプかのいずれかである。

先にも述べたが，新しい労働年金は2005年に始まっている。それゆえ現在の労働年金は新旧の両者を包含している。旧制度は確定給付型であり，新制度は確定拠出型である。このうち旧制度では，雇用主は従業員の賃金の2‐15％を月々拠出し，従業員は彼らが退職した際に一時金での退職年金を受け取る。一方新しい制度では，雇用主は従業員の賃金の6％を彼らの個人口座に支払い，従業員は自分で同じ6％を拠出する。そして彼らが退職した際には，一時金か月々かの年金を選択することができる。彼らの年金はその個人口座にある累積残高額が基準となる。

準年金部門

いくつかの高齢者向け手当は準年金として考えられており，そこには高齢

市民手当や高齢農業従事者手当，低・中所得層高齢者手当，高齢先住民手当，そして退役軍人手当などが含まれている。まず，すべての高齢者は月に 3000 NT\$ の高齢市民手当を現金で受け取ることができる。この手当の 3 分の 1 は目的税から，残りの 3 分の 2 は普通税から賄われている。高齢農業従事者はその財産にかかわらず月 6000 NT\$ の手当を受け取ることができる。また，低・中所得世帯の高齢者は毎月 3000‐6000 NT\$ の手当がもらえる。55‐64 歳の先住民は高齢先住民手当として月 3000 NT\$，退役軍人には月 1 万 3500 NT\$ が支給される。なお，これらの高齢者向け手当は，主に普通税を財源としている。

資産調査のあるプログラム

台湾では，社会保障給付の約 8.3％が資産調査を要件とするものである。資産調査の基準は最低生活費や世帯収入，所有財産などが対象となる。台北市を例にとると，最低生活費は 2007 年で 1 万 4881 NT\$ となっている。もし世帯員の平均収入がそれよりも低ければ，その世帯は低所得世帯として分類される。全所有財産の上限は，1 人当たり 15 万 NT\$ かつ 1 世帯当たり 500 万 NT\$ までの不動産である。このような福祉給付は，低所得世帯や中間所得家族，困難を抱えた女性，発達に遅れのある子ども，里子，障害者，恵まれない少数派の人々への教育助成などが対象となっている。台北市では，第 1 種[1]低所得世帯への生活支援の月額は，2007 年の額で 1 人当たり 1 万 1625 NT\$ となっている。さらに子供たちへの生活支援および教育助成の月額は，それぞれ 1 人当たり 5813 NT\$ と 4000 NT\$ である。これらの資産調査が必要なプログラムは，普通税によって賄われている。

4　現在の台湾社会保障システムの財政状況

台湾における総社会保障費の収支の構成は実際どのようになっているのか。一般的に，その支出の 94％は社会給付の支払いに当てられ，支出の残り部

---

1) もし全家族員が全くの無収入の場合，第 1 種低所得世帯に分類される。

表1　部門・支給方法・機能別支出額

単位：10億NT$，（2004年）

	金額	％
総額	1,045.3	
部門別		
＊社会保険	573.2	54.8％
＊年金	238.6	22.8％
＊社会扶助	22.9	2.2％
＊生活保護	210.6	20.2％
支給方法別		
＊現金支給	541.6	51.8％
＊現物支給	471.5	45.1％
＊その他	32.2	3.1％
機能別		
＊高齢者	464.1	44.4％
＊遺族	28.2	2.7％
＊障害者	27.9	2.7％
＊災害	5.9	0.6％
＊ヘルスケア	398.2	38.1％
＊家族	21.9	2.1％
＊失業者	21.8	2.1％
＊住宅	10.2	1.0％
＊生活支援およびその他	67.1	6.4％

出典：DGBA報告書（2006）および本研究の要約。

分は管理費および関連費用に当てられている。**表1**に示したように，部門別で最も大きな支出は社会保険（54.8％）であり，それに年金（22.8％），生活保護（20.2％），そして社会扶助（2.2％）と続いている。また支給方法別では，2004年の総支出の51.8％は現金給付，45.1％が現物給付によるものである。機能別には，高齢者およびヘルスケアに関する支出が総社会保障費の大部分（それぞれ44.4％と38.1％）を占めている。他方，これらの財源は，公的部門の雇用主拠出（14.8％），民間部門の雇用主拠出（20.1％），被保険者拠出（16.7％），目的税（1.6％），普通税（42.2％），さらにその他の歳入（4.6％）から成っている。さらに部門別に見れば，社会保障費の63.2％を政府が負担しており，企業および家族がそれぞれ20.1％および16.7％を拠出している。

個々の保険や年金についての支出のタイプを要約すれば，労働保険や雇用保険，軍人保険，公務員年金，労働年金（新旧とも）さらに私立学校職員年金などでは，現金給付が主要な部分を占めている。一方で，現物給付は公務員保険，農業従事者保険，そして国民健康保険の支出において特筆すべき比重を占めている。たとえば公務員保険の31.2％，農業従事者保険の50.8％が現物給付によっている。加えて国民健康保険のすべてが現物給

表2　社会保険および年金における財源別の金額と割合

単位：百万 NT$ および％，（2005 年）

	計	雇用主	被保険者	目的税	普通税	その他
社会保険						
労働保険	179,565	59.0％	16.9％	0.0％	10.1％	14.1％
雇用保険	18,684	66.9％	19.1％	0.0％	9.6％	4.4％
公務員保険	55,862	20.1％	9.9％	0.0％	64.3％	5.7％
農業従事者保険	9,003	0.0％	17.2％	0.0％	82.6％	0.2％
国民健康保険	355,275	36.2％	38.0％	2.4％	22.7％	0.8％
軍人保険	15,326	93.5％	6.5％	0.0％	0.0％	0.0％
年金						
公務員年金	354,096	26.8％	4.7％	0.0％	54.0％	14.5％
労働年金（新）	46,710	87.9％	12.1％	0.0％	0.0％	0.0％
労働年金（旧）	68,366	100.0％	0.0％	0.0％	0.0％	0.0％
私立学校職員年金	2,756	87.7％	0.0％	0.0％	6.6％	5.8％

出典：DGBA 報告書（2006）および本研究の要約。

付である。

表2に示したように，社会保険および年金を財源別に見れば，雇用主拠出が主要な財源となっているのが，労働保険や雇用保険，軍人保険，新旧の労働年金，そして私学年金である。一方で，公務員保険や農業従事者保険，そして公務員年金においては，普通税が主要な財源である。また国民健康保険については，雇用主拠出（36.2％），被保険者の拠出（38.0％），目的税（2.4％），普通税（22.7％）およびその他からなっている。

準年金については，すべての支出が現金給付である。これとは対照的に社会福祉プログラムはほとんどが現物給付の形をとっており，一部だけが現金給付となっている。また，ほとんどの準年金支出が普通税収入によってまかなわれている。ただし，高齢者向け手当の一部だけは目的税収入（2005年には30％）によっている。準年金と同様，社会福祉プログラムの大部分は普通税収入である。

先に述べたように，国民健康保険や労働保険のような主要な個別プログラ

ムのいくつかは，すでに通年での赤字を経験している。2005年の労働保険の年間赤字の総額がおよそ200億NT$であった。さらに国民健康保険でも，同年に230億NT$の赤字となっている。これらの2つとは異なり，その他のすべての社会保険や年金ではこの年には黒字となっている。最大の黒字は公務員保険および公務員年金であり，それらの通年黒字額は510億NT$および390億NT$であった。さらに新旧の労働年金も年間黒字となっている。

実際のところ，国民健康保険の年間赤字は何年にも渡っている。2001年における累積残高は243億NT$とプラスになっているが，2007年にはマイナスに転じている。この累積残高は，2008年の5月末までに－142億NT$となった。

台湾の人民は公務員年金の財政についてほとんど気にかけていない。それは支払いが保障されたものだと考えられているためである。公務員年金の信託基金は，公務員年金の資金繰りにおいて重要な役割を果たしていることはよく知られていることである。信託基金はさまざまな資産運用投資を通じて必要な引当金を蓄積する。基金の55％は信託基金委員会によって，残りの45％は指定された機関によって運用されている。信託基金委員会は基金の55％を株 (14.5％) や債券 (14％)，預貯金 (13.5％)，その他などを含む資産運用へと割り当てている。指定機関は基金の45％をたった二つの資産，株 (34％) と債券 (11％) に割り当てている。信託基金の資産運用投資の収益率は年ごとに変化している。最も高いもの (12.4％) は1997年にみられ，同時に最も低いのは2003年 (1.9％) である。また，信託基金は1996年からの2007年の間のすべての年において，年間黒字をなっている。たとえば，2007年には収入は530億NT$であり，一方で支出はわずか255億NT$である。年金支出の収入に対する割合は，この年47.9％であった。実際，これは1996年の1.1％よりかなり高い値である。要するに信託基金では，2007年までに3235億NT$が蓄えられているということである。

公務員年金と同様に，労働年金信託基金も労働年金における資金調達の責任を負っている。新しい労働年金が導入されたことにより，現在2つの労働年金信託基金が存在している。旧労働年金信託基金の資産運用投資には預貯金 (42.9％)，株 (8.9％)，債券 (11.4％)，短期証券 (6.5％)，そして外部委託

投資 (23.0％) などが含まれている。また，その平均収益率は1990年代は高いが，2000年代には下落している。しかしながら，旧労働年金信託基金では毎年黒字を積み上げており，黒字額は1995年の67億NT\$ から2007年には214億NT\$ にまで達している。

新労働年金は強制加入である。その点からみれば，新労働年金信託基金の実績はもっと注目されるべきである。およそ66％の新労働年金信託基金が銀行に預けられ，残りの大半は外部による運用を受けている。新労働年金信託基金の平均収益率は非常にお粗末なものである。それは2005年からほとんど0かマイナスの時さえある。結果として，新労働年金信託基金は黒字をほとんど経験したことがなく，2008年には最初の月から赤字となっている。

5　将来の発展方向と財政上の持続可能性

多くの先進国の歩みと同じように，新興工業国である台湾は高齢化社会へと移行している。1994年には，その高齢化率は国連が高齢化社会の基準とする7％に達した。それ以来，平均寿命 (2007年で77.8歳) の伸長と出生率 (2007年で1.1) の低下の両者が，全人口における高齢者の割合を急速に高めてきた。高齢化率は2007年には10％に到達し，さらに2026年には20％にまで上昇するとされている。退職者1人に対する労働者の割合は，2007年に7.2人であったが2026年には3.2人になるとされている。驚いたことに，台湾では高齢化率が2倍になるのにおよそ20年しかかからないことになる。これは，多くのヨーロッパの福祉国家では50年以上もかかって起きたものである。高齢者人口の増加は，その高齢者年金やヘルスケア，そして生活費の援助のための，さらなる社会保障支出を必要とすることになるだろう。

低い出生率のために，台湾の子どもの人口は減り続けている。たとえば子ども (0-14歳) の割合は，2003年から20％を下回っている。加えて人口増加率も同年以降は4％以下となっている。将来，労働人口が減少すれば，社会保障の収入が減ることが予測される。さらに離婚率の上昇がひとり親世帯の数を増加させる。実際に離婚率は2003年から5％を上回っている。その結果，より多くの子どもたちがひとり親家庭で育つことになるだろう。それ

らの恵まれない子どもたちや家庭は，将来，社会保障システムからの経済的な援助を強く求めることになるだろう。

　安定した経済成長が，社会保障費収入の伸びの主要な推進力のひとつとなることは，広く信じられている。残念ながら台湾は，1970年代および80年代に急速な経済成長を経験したが，1990年代の後半には停滞し，2000年代の初めには下降に直面した。この間に多くの産業が台湾から中国や東南アジアの途上国などへと移動した。失業率と貧困者率の両者が突然上昇し，たとえば失業率は21世紀の始まりとともに4％台で推移している。さらに低賃金世帯に暮らす人々の割合が，全人口の1％以上に上昇している。経済成長率は，香港やシンガポール，韓国などの同等の経済地域よりも平均して低く，ここ10年間の賃金水準は，途上国との競争のためにほとんど変わらないか低くなったとさえいえるくらいである。台湾は近年，中国に対するさらなる開放経済政策をとっており，そのことは台湾の経済成長にとって助けになっているが，将来急速な経済成長が再度起きることはもはやないと考えられている。日本やその他の先進経済の足跡にしたがえば，ゆっくりとした経済成長の軌道は，社会保障収入の伸びをゆるやかにする一方で，社会保障支出の要求を増加させる。たとえば，経済停滞によって貧困線以下の生活を送る低所得世帯が増加すれば，失業者率も高くなり，さらに所得格差の問題はより深刻になる。台湾はいまやいわゆる「M型社会（M-type society）」へと向かっている。今後の経済発展の動向によっては，社会保障収支の差はさらに広がるだろう。

　社会や経済の進展とは別に，政治の展開も社会保障システムにおける経済の持続可能性に影響を与える一つの鍵となる要素である。2008年3月の大統領選挙の前には，台湾の政治状況は混沌としていた。2000年にDPP（Democratic Progressive Party: 民進党）が大統領選挙に勝ち，長期与党（KMTまたは国民党Nationalist）にとって代わった。これは台湾の政治史において初めての政権交代であった。DPPはその後の8年のあいだ政権を握ったが，2008年3月にKMTに負けることとなった。DPPが政権を握っていた際，行政府と立法府の間には常に衝突があった。そのときKMTは統治権を失っていたが，しかし依然として立法院（Legislature Yuan: 議会）

においては多数派を維持していた。DPP は社会保障の改革を望んだが，対抗する政党からの多くの難題に直面した。実際に，両党ともが頻繁に行なわれる選挙に勝つことを望み，そのために社会保障政策はしばしば「えさ」に使われた。たとえば中央および地方の両政府が高齢者や先住民，そして農業従事者のためのさまざまな手当を提供している。それらの政策は莫大な社会保障支出を必要とする。今年，KMT が勝って与党に返り咲き，今では行政府と立法府の両者がコントロール下にある。この状況は，政府にとってさまざまな社会保障政策の遂行を容易にすると考えられる。しかしながら，政党間の政治的衝突は依然存在している。もう一つの重要な政治的発展は，台湾海峡を挟んだ緊張の緩和である。現在の与党である KMT は再統一の賛成派と目されており，両者の間の対話が増加している。また軍事予算の削減が政府の社会保障予算を増加させると考えられる。

　今後の社会的・経済的・政治的発展の傾向についての私たちの予測では，台湾の社会保障支出は間違いなく増え続けるだろう。一方で台湾の社会保障における今後の歳入に関しては，決して楽観視してはいない。それゆえ今後の社会保障システムにおける財政状況は，破産問題に直面するに違いないだろう。前述の通り，国民健康保険や労働保険は台湾の社会保障システムにおける赤字の主な原因であり，したがって，この破綻の問題を解決するためには，改革のための何らかの早急な行動をとらなければならない。国民健康保険を実施している多くの福祉国家と同様に，台湾の人々もしばしば医療資源を使い過ぎる。新しい労働年金は今のところ効果が上がっていない。その主な課題は，現時点では労働者が自分の口座にある金をどのように投資するかを選択することができないことである。利益を増やすためには，個人労働者に自分の口座における多様な資産運用投資を許可すべきである。公務員年金には現在は財政上の問題はないが，その所得代替率は非常に高いと目されている。台湾政府はかつて公務員に有利な年金を供給しており，そのためにこの比率は平均して 90％から 110％の間にあった。これは世界的な基準である 60％をはるかに上回っていた。社会保障システムにおける財源をより節約するためには，所得代替率を低くすることに取り組まなければならない。

6 結　論

　数年の改革を経て，台湾の社会保障システムは徐々に全人口を完全にカバーするものとなってきた。結果として，台湾の社会保障支出は近年著しく増加してきた。社会保障に関する収入も増加してきてはいるが，全社会保障制度の財政黒字は減少し続けており，ごくわずかになってしまった。実際，個別の社会保障の部門のいくつかは財政赤字を計上している。社会的・経済的・政治的発展の将来動向に基づけば，台湾の社会保障システムの財政は破綻問題を経験する可能性がある。それゆえ，なんらかの早急な対応がされる必要がある。本章では，潜在的な財政問題を解決する重点政策として，国民健康保険の価格政策の改革，新労働年金の個人口座における資産運用投資の多様化，そして公務員年金の所得代替率の引き下げ，の3つを提案した。

（山村りつ訳）

■参考文献

- DGBAS 2006 a *Allocation of Social Security Resource,* the report conducted by the Directorate-General of Budget, Accounting, and Statistics, Executive Yuan, Taiwan.
- DGBAS 2006 b *Outline of Social Security Financing,* the report conducted by the Directorate-General of Budget, Accounting, and Statistics, Executive Yuan, Taiwan.
- DGBAS 2006 c *Social benefits,* the report conducted by the Directorate-General of Budget, Accounting, and Statistics, Executive Yuan, Taiwan.
- Monthly Statistical Reports, Ministry of Finance, Taiwan, ROC. Annual Statistics of Social Indicators, Directorate-General of Budget, Accounting, and Statistics, Executive Yuan, Taiwan.

第10章　日本における高齢化対策を振り返って
―― 東アジア社会保障へのインプリケーション ――

埋橋孝文

1　はじめに

　日本は欧米諸国と比べて高齢化のスピードが速く，また，2050年ごろにピークに達する高齢化率の水準も高く，"スピード"と"レベル"両方の指標からみて，高齢化が社会に及ぼすインパクトが大きい。こうした高齢化の進展に対する国の対応はどのようなものであったであろうか。日本で高齢化対策が本格的に着手されたのは1980年代後半のことであった。それから数えても20年以上の高齢化対策の歴史と経験をもつことになる。現時点でそうした積み重ねられた経験を振り返り，いくつかの特徴を整理し，教訓を得ることが本章の課題である。

　上の課題解明の試みは，日本と同様に，あるいはそれ以上に高齢化のスピードが速い東アジアの国・地域（韓国，台湾，中国，シンガポールなど）の今後の政策立案に役立つと考えられる。**表1**が示している日本の24年間は，高齢社会へのソフトランディングのための期間であった。日本はこの短い期間にいわば「走りながら考え，行動していく」ことが必要であったのである。そうした試行錯誤的な経験は，**図1**が示しているように日本よりも高齢化のスピードが速い韓国をはじめとして，これから同じような経験をするであろう東アジアの国・地域に「参照事例」（reference case）を提供し，何らか

表1 高齢化のスピード

国/地域	イギリス	アメリカ	スウェーデン	フランス	日本	韓国
高齢化率7％から14％までの経過年数	46	69	82	114	24	18

出所：P. アルコック／G. クレイグ編（2003）に韓国の数値を追加。

図1 65歳以上人口割合の到達年次（日本：下の折れ線と韓国：上の折れ線）

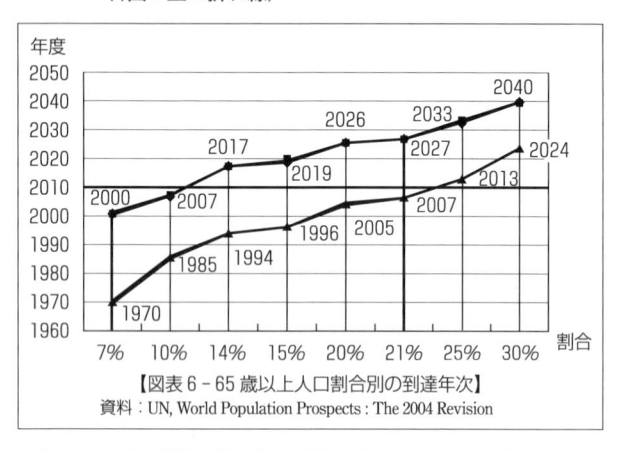

【図表6-65歳以上人口割合別の到達年次】
資料：UN, World Population Prospects : The 2004 Revision

出所：同志社大学社会福祉教育・研究支援センター（2008）。

の示唆を与えることが期待される。

　なお，筆者の韓国に関する情報・知識は限られたものではあるが，以下では，それぞれのテーマごとに可能な限り韓国の状況についてふれ，両国における「状況」や「対応」の違いに言及したい。

2　日本の経験の一般性と特殊性

人口ボーナス期から人口オーナス期へ

　日本の高齢化は他の多くの国の場合と同様に少子化と同時平行的に進んだが，1990年までは子供の減少数が高齢者の増加数よりも上回った。その結

表2 人口ボーナスの開始・終了時期

	人口ボーナスの時期		1人当たりGDP
	開始年	終了年	2005年（アメリカドル）
日本	1930 – 35	1990 – 95	36,432
NIES諸国			
韓国	1965 – 70	2015 – 20	16,304
香港	1965 – 70	2010 – 15	25,617
シンガポール	1965 – 70	2010 – 15	26,843
中国	1965 – 70	2015 – 20	1,728
ASEAN諸国			
タイ	1965 – 70	2010 – 15	2,728
マレーシア	1965 – 70	2035 – 40	5,014
インドネシア	1970 – 75	2025 – 30	1,242
フィリピン	1965 – 70	2040 – 45	1,142
ベトナム	1970 – 75	2020 – 25	627

出所：UN, IMF。

果，従属人口比率（[年少人口＋老齢人口]／生産年齢人口）は1930年の70.5％から1955年の63.3％へと低下し，1990年には43.5％で底に達し，2000年には47.0％，2005年現在51.3％と上昇しており，その後も上がっていく（2030年に70.9％に上昇し，2055年に95.7％）。

したがって，日本の場合，いわゆる人口ボーナス（population bonus, demographic dividend）は，1990年代半ばには完全に消失し，従属人口比率が上昇していく人口オーナス（demographic onus）の時期に入ったと考えられる。事実として，ほぼその頃に高齢化政策が本格化したことが注目される。

なお，表2から，

①東アジア4か国／地域では，日本よりも20年から25年遅れて，2010年代に人口ボーナス期が終了すること，
②東南アジアの国々では，それより遅く，タイを除いて概ね2020 –

2040 年まで人口ボーナス期が続くこと，
　③中国ではほぼ同様の 1 人当たり GDP 水準にあるインドネシア，ベトナムと比べて人口ボーナスの期間が短いこと[1]，

などがわかる。

人口オーナス期入り口での経済の沈滞

　もちろん，「人口ボーナス」論は労働力の供給面にもっぱら注目した議論であり，それで経済や社会のあり方が一義的に決定される性格のものではない。実際には，①1 人あたり GDP に代表される経済水準と財政状況，②それまでに形作られた社会保障制度の概要によって，人口ボーナス消失期における高齢化政策の中身は大きく異なってくる。

　①について。

　日本の場合，偶然的要素が多分にあると思われるが，人口オーナス期に入った 1990 年代という 20 世紀最後の 10 年（the last decade）は「失われた 10 年」（the lost decade）と呼ばれるような経済が沈滞した時期でもある。1980 年代は「日本の時代」と一部でもてはやされたが，90 年代はアメリカの一人勝ちの時期となった。

　したがって，1980 年代後半に本格化した高齢化対策は，財政的制約のもと，全般的な社会保障予算の縮減（retrenchment）と並行して行なわれるようになった。より正確に言えば，削減の幅が大きい所得保障・年金部門と新たな制度的展開（後述）がみられた高齢者介護福祉サービス部門に分岐することになったのである。

　高齢化は，①労働力人口の減少と②国内貯蓄率の低下を通して経済成長を抑制する傾向をもち，また，③医療費の増大と④年金負担の拡大を通して財政支出の拡大を招く傾向がある（大泉 2007: 92‐93）。これらのことを考えると，

1）　現在中国では「発展途上国でありながら（の）高齢化社会」という捉え方がされる場合がある（楊 2006）が，そのことは表2 からもうかがえる。人口ボーナス終了期までのおよそ 10 年間に 1 人当たり GDP の伸長が急がれている所以であり，同時に，比較的高齢化率が低い段階で早くも高齢化対策が論じられる背景でもある。

表3 国債の発行残高／GDP（％）

(暦年)	1994	1995	1996	1997	1998	1999	2000	2001	2002	2003	2004	2005	2006	2007	2008
日本	79.4	86.7	94.0	100.5	113.2	127.0	135.4	143.7	152.3	158.0	165.5	175.3	171.9	170.3	170.9
米国	71.1	70.7	70.0	67.6	64.5	61.0	55.2	55.2	57.6	60.9	61.9	62.4	61.8	62.8	65.8
英国	47.3	52.2	52.0	52.9	53.4	48.3	46.0	41.1	41.6	41.9	44.1	46.8	46.6	47.5	49.8
ドイツ	46.5	55.7	58.8	60.3	62.2	61.5	60.4	59.7	62.1	65.3	68.7	71.0	69.3	65.4	64.2
フランス	60.2	63.0	66.7	69.1	70.7	66.8	65.7	64.3	67.3	71.4	73.9	75.7	71.1	69.4	71.0
イタリア	120.6	122.2	128.6	130.2	132.6	126.4	121.6	120.8	119.5	116.9	117.5	120.1	118.2	116.7	117.1
カナダ	98.0	101.6	101.7	96.3	95.2	91.4	82.1	82.7	80.6	76.6	72.4	70.3	68.1	64.9	64.4
韓国			5.7	5.8	9.6	12.4	13.2	14.1	15.1	19.4	23.5	28.3	31.2		

出所：OECD『エコノミック・アウトルック』83号，2008年6月。計数はSNAベース，一般政府。

人口ボーナスを享受できる間に，その後の膨大な高齢化費用を賄える財政的余裕をもつこと，少なくともその時期の財政的負債が少ないことが必要であることがわかる。しかし，この点，日本の場合，ちょうど人口ボーナスが消失する時期である「失われた10年」あるいはその後の数年間にわたって国の借金が大きく膨らんだことは「不幸な出来事」であったといわざるを得ない（表3参照）。韓国の場合，2003年以降国債の発行残高は急増しているが，その割合はまだ低い。こうした違いが日本と韓国での社会保障政策・高齢化対策の差異をもたらした1つの国内的要因であると考えられる。日本の場合，1990年代以降，福祉縮減の動きが顕著であるのに対して，韓国では同時期に「福祉国家（社会政策）の超高速的拡大」がみられた。その内容は，公的扶助制度の改革，年金制度の適用拡大，医療保険制度の統合と社会支出の拡大である（イ・ヘギョン2006）。もちろんこれらは，こうした動きの背景には金大中政権の政治的イニシアティブの発揮があり，中央政府の財政状況からだけで説明されるべきのものではないが，それらを可能にする1つの条件であったことは確かである[2]。

②について。

日本の場合，1961年に「皆保険，皆年金」制度が形作られ，1970年代前半にはその水準の拡充が図られた。社会保障給付は保険方式をベースに提供

されたが，とりわけ職場をベースにした厚生年金保険，健康保険制度は財政的にも安定的に運営された。しかし，その他の地域（residential）ベースの国民年金，国民健康保険制度はそうではなかった。とりわけ，90年代の停滞の時期にあって，この2つの制度の財政の悪化がみられた。他方で，年金，医療ともに保険ベースで運営されているため，保険料を支払えない低所得層が「排除」される傾向がある。こうしたことは2000年以降に大きな問題として現われることになった。日本と同じように保険方式が主であり，1997年に「皆保険，皆年金」体制を確立した韓国でも，労働市場構造の「両極化」を背景に社会保険から排除されている「死角」が問題となっている（本書第6章を参照）。

日本と韓国の社会支出－規模と内訳

ここで，OECDのSocial Expenditure, 2007 edition（以下，SOCX）を用いて，日本と韓国の社会支出の規模と内容を概観しておきたい。SOCXにおける「社会支出」とは，「公的および私的給付で，厚生の低下をもたらす状況にある個人または世帯の状況を向上させることを目的としている制度の貨幣的な支出」であり「財・サービスに対する直接支払いも個人契約・個人移転は含まれない」。SOCXデータの特徴は国や地方公共団体による公的支出だけでなく，「義務化された民間支出」（韓国における法定退職金など）や「任意の民間支出」（日本における退職金など）を含んでいる点にある。

日本と韓国の社会支出／GDPはそれぞれ21％（OECD加盟29か国中23位），

---

2) 1980年代末以降の韓国における政治的民主化の進展，普遍主義的社会保障制度の整備，盧武鉉政権による「社会的投資戦略」の提唱など，この間の変化には著しいものがある。しかし，韓国の場合，2008年2月の李明博政権誕生後も果たして継続的にこうした方向がめざされるかは予断を許さない。ちなみに，韓国で注目されている「社会的投資戦略」は，もともとは，「第3の道」あるいはソーシャル・ヨーロッパをめざすEUの戦略の一環であるが，それには，①社会的分野における投資的側面の拡充（＝労働供給と人的資本投資の拡大）という側面と，②社会的分野への投資の拡大（＝社会支出の増大）という，性格を異にする2つの要素が含まれている。本来は，すなわちヨーロッパでの議論では①が中心であるが，韓国では①と並んで②の側面が強調されている。②の方向は生産主義からの脱却を推進していく可能性をもつが，①は生産主義と親和的である。金大中，盧武鉉両政権では，①と②の両方が同時に推進された。今後の②の動静が注目される。

表4 日韓の分野別社会支出/GDP (2003年：%)

	高齢	保健	障害	家族	遺族	積極的労働政策	失業	住宅	その他	合計
韓国	3.2	3.1	0.6	0.2	0.2	0.2	0.1	-	0.5	8.1
日本	11.2	6.1	0.8	0.7	1.3	0.3	0.4	-	0.2	21.0
OECD平均	8.3	6.3	3.0	2.1	0.8	0.6	1.0	0.4	0.7	23.2

出所：図1と同じ。

図2 日本における社会支出の変遷（分野別：%）

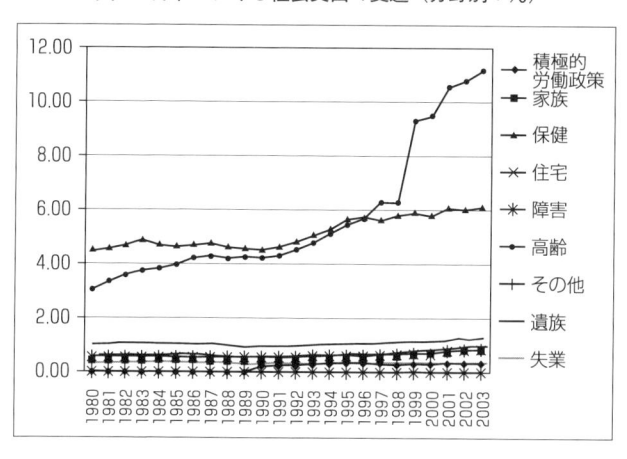

出所：図1と同じ。

8.1％（同28位）であり，両国とも社会支出の規模は小さい。韓国の特徴は「義務化された民間支出」の割合が高いことである。

　分野別にみての日本の特徴は，高齢と遺族分野でOECD平均より高く，障害，家族，積極的労働政策，失業分野で低いことであり，韓国の場合，保健が全体の社会支出に占める割合が大きく，家族，遺族，失業分野で低くなっている（表4）。

　分野別支出の変遷を見ると（図2, 図3），日本の場合，高齢分野の支出が1999年に急増しているが，これは統計項目の変更によるものである[3]。ただし，その後も増加傾向にあり（2000年に介護保険関係はGDPの0.7％，2003年には同じく1％を占める），伸びがほとんどない保健分野と好対照を示している。

図3　韓国における社会支出の変遷（分野別：％）

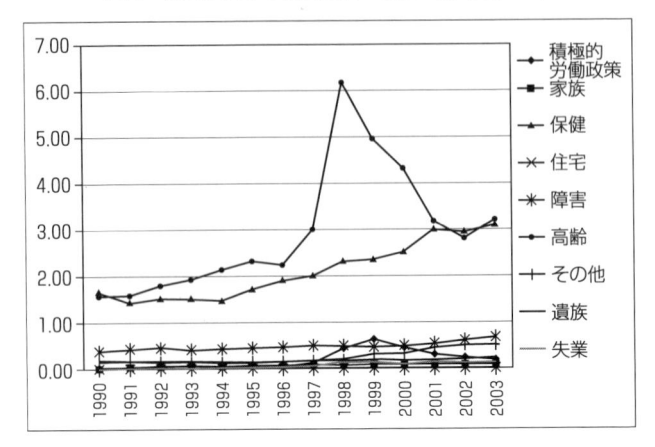

凡例：積極的労働政策、家族、保健、住宅、障害、高齢、その他、遺族、失業

出所：図1と同じ。

　韓国の場合，1998年に社会支出が急増している。これは「義務化された民間支出」（つまり法定退職金の支払い）の増加（97年にはGDP比約2％，98年に約5％）によるものが大きいが，図3ではそれらが高齢分野の急増として示されている。ただし，それも1999年以降，低下し，2001年の割合は1996年までの増加傾向の延長線上にある。

　なお，1997年から98年にかけての韓国での社会支出の増加をもって「福祉国家への離陸時期」とする見解があるが（武川 2006），これは上のような社会支出の水準が「2001年の割合は1996年までの増加傾向の延長線上にある」ことを看過している[4]。

---

3) 「民間企業の人のための保険」（民間任意支出，高齢分野）という項目の新規追加表示による（同志社大学社会福祉教育・研究支援センター〔2008〕を参照）。
4) 1998-99年の社会支出の急増は，企業人員のリストラに伴う法定退職金の支払い増によるところが大きく，いわば「後ろ向き」の支出であった。これをもって福祉国家のテイクオフの指標として捉えるのはミスリーディングである。

3　高齢化の進展と年金制度

積立方式から賦課方式への移行

年金制度はこれまで多くの国で積立方式（funding way）から出発し，次に挙げるようなさまざまな理由から，積立金残高が年金債務を下回るようになり，徐々に賦課方式（pay-as-you-go way）に移行してきた。

A．年金制度導入期における経過年金制度の導入など早期成熟化措置
B．政治的人気取り政策による過大な給付額の支給
C．インフレの進行による積立金の減価
D．物価スライド制や賃金スライド制の導入
E．年金官僚によるずさんな管理運営体制と積立金が不足してもその場合には賦課方式で乗り切れるという意識

これらはC，Dを除いて「経済」的合理性に乏しいものではあるが，「政治経済学」的にはどこの国でも起こりうる問題である。特に日本では1970年代前半のBによる影響が大きかったといわれている。

年金の「逃げ水」現象化

積立方式（funding way）年金の弱点は，大幅なインフレによって積立金および給付される年金が減価してしまうことである。一方，賦課方式（pay-as-you-go）年金の弱点は，人口構成の変化の影響を被ることである。具体的には人口の高齢化が進展した場合に，現役世代の負担が重くなっていき，その結果，後の世代ほど「年金収益率」が低下していくことになる。

上のことは実際に日本で生じたことである。その結果として，「年金引退世代（前の世代）」と「現役勤労世代（後の世代）」との不公平・「世代間格差」の問題が大きく浮上することになった。もちろん，賦課方式年金は「世代間の連帯」を基礎として成立する性格のものである。しかし，日本のように急速な高齢化が進展した社会では，現役勤労世代の負担増のテンポが速く，

そのため，世代間の連帯を掘り崩してしまうようなことが起こったのである。

積立方式から賦課方式への移行にあたって，日本では「段階保険料（引き上げ）方式」が採られた。これは保険料負担を一挙に引き上げる代わりにかなりの年月をかけて徐々に引き上げていくやり方である。このやり方自体はそれほど大きな問題はなく，肯定できるものである。

ただし，5年ごとの「財政再計算」年に，予想以上の少子高齢化の進展を理由にした，次のような，度重なる「保険料引き上げ，給付水準の引き下げ，支給開始年齢の引き上げ」の3点セットは，国民の間に，年金は「逃げ水」のようなものと映ることになり，年金そのものへの信頼感を大きく損なうことになった。とりわけ，若い世代の間で「将来自分たちの年金は支払われないのではないか，支払われても額が低下しているのではないか」という不安が増すことになった。

1985年　保険料の引き上げと給付水準の引き下げ
1989年　厚生年金の支給開始年齢の引き上げ（60歳から65歳）が決定
1994年　可処分所得スライド制の導入，ボーナスからの特別保険料（料率1％）の徴収
2000年　賃金スライド制の廃止
2004年　「マクロ経済調整」策の採用，厚生年金保険料率の上限の設定（18.3％）。国民年金保険料の引き上げと上限の設定

今から振り返ると，たとえば保険料率の上限を国民に示し，その範囲内での年金支給を明言すること，あるいは，逆に今後の年金支給保障額を明示し，そのための保険料負担を国民に要請するという，「確約」をもっと早期にする必要があった。このこと（前者）は2004年の改革で実現することになったが（図4参照），それはもっと早くに試みられるべきであったと思われる。つまり，年金制度は医療保険とは異なり長期保険制度であり，国民にあらかじめ将来の見通しを明示する必要があったのである。

韓国では，当初から「法定負担金」などの一般会計からの繰入金を想定していた軍人年金は別にして，同じく職域年金である公務員年金は2002年に

図4 2004年年金改革に伴う保険料率の推移

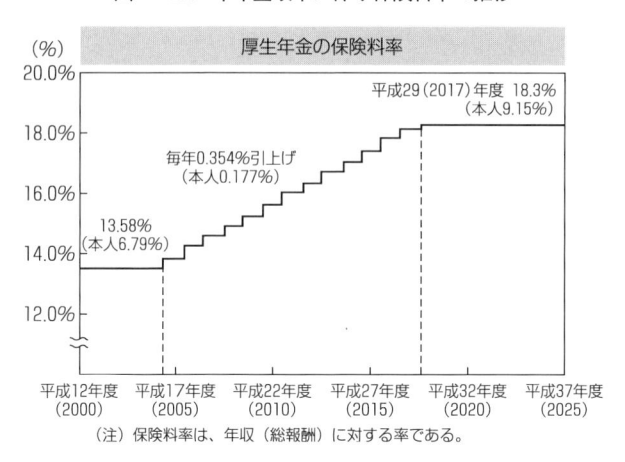

厚生年金の保険料率

(%)
- 13.58%（本人6.79%）
- 毎年0.354%引上げ（本人0.177%）
- 平成29(2017)年度 18.3%（本人9.15%）

横軸：平成12年度(2000)、平成17年度(2005)、平成22年度(2010)、平成27年度(2015)、平成32年度(2020)、平成37年度(2025)

(注) 保険料率は、年収（総報酬）に対する率である。

国民年金の保険料

(円)
- 13,300円
- 毎年280円引上げ
- 平成29(2017)年度 18,900円

横軸：平成12年度(2000)、平成17年度(2005)、平成22年度(2010)、平成27年度(2015)、平成32年度(2020)、平成37年度(2025)

(注) 保険料は、平成16(2004)年度価格（平成15年度までは名目額）である。
平成17(2005)年以降の実際の保険料は、上記で定まった額に平成16年度以降の物価・賃金の伸びを乗じた額。

出所：厚生労働省資料。

は資金が枯渇し、その後、所得代替率の低下を盛り込んだ改正が行なわれ、併せて現在、収支のバランスを保つために政府補助金が繰り入れられている（本書第7章**表4**参照)。加入者数が多い国民年金制度（1988年創設）については、支給が始まるのは2007年からであるが、すでに2007年年金改正法により従来の所得代替率60％から40％への段階的引き下げが実施され、そのことに

よって，基金枯渇は2045年から2055年に延びた（本書第7章を参照）。実際の年金支給が始まる直前に減額されたということはそれを期待していた人々にとって大きな痛手であり，老後の資金・生活計画の変更を迫るものであったことが想像に難くない。その意味で，「世界で類例のない無知莫知な年金縮小」（参与連帯社会福祉委員会，金〔2008〕から引用）といわれたものも首肯できるが，他方で（日本の例がどれほど負の参照事例とされたかは不明であるものの），日本のように支給開始後の年金の「逃げ水」現象化を避けた方策であったと考えることもできる。

4 介護保険法の制定をめぐって

高く評価される基盤（infrastructure）整備事業の推進

平均寿命の伸長に伴い介護問題が先進諸国共通の問題となっている。各国でさまざまな対応が取り組まれてきたが，日本は，オランダ（1962年），ドイツ（1995年）に次いで世界で3番目に保険方式で介護サービスを提供する制度（公的介護保険制度）を創設した（1997年法制定，2000年から実施）。

前でふれたように，1980年代後半以降，高齢化対策が本格化していくのであるが，年金などの所得保障の点では「削減」（retrenchment）の色彩が濃厚であったのに対して，介護福祉サービスに関しては新たな政策の展開と財政資金の投入，政策の充実がみられた。

介護法制定の背景には，高齢者世帯の増加，要介護状態の長期化などにより，「老老介護」（家族内での高齢者による高齢者の介護）や「老人虐待」の問題が深刻化し，介護の「社会化」を望む声が大きくなりつつあったことがある。当時の新聞や雑誌，テレビ番組で介護問題は大きく取り上げられ，介護サービスの充実を望む世論形成に貢献した。

それ以外にも，日本の場合，いわゆる「社会的入院」（入院医療の必要ではなく介護などの必要からの入院）の解消といった特殊な要因があった。つまり，スティグマ（stigma）が強い福祉施設よりも病院の方が好まれる傾向が国民の間で存在していたが，そのことが，医療費の上昇に拍車をかけており，そのことが，当時の厚生省を悩ましていたのである。

今日から振り返って，エポック・メイキング（epoch making）であった出来事は，第1に，1989年からのゴールドプランの作成（新ゴールドプラン：1994年－，ゴールドプラン21：1999年－2004年）と，第2に1994年に発表された「21世紀福祉ビジョン――少子・高齢社会に向けて――」であった。

　ゴールドプランの作成によって，在宅福祉や施設福祉の量的なサービス供給量が増大した。これは介護保険法の施行をスムーズにさせるのに大きく貢献したのであり，今日から振り返って高く評価される点である。「21世紀福祉ビジョン」は，5：4：1となっている年金，医療，福祉の給付割合を5：3：2に引き上げることを提案したものであり，国民に対して政府が介護福祉サービスの充実に本気で取り組んでいくことを示した点で評価される。

韓国における老人長期療養保険法の制定

　韓国では3次にわたるモデル事業の実施を経て2008年7月から老人長期療養保険法が当面は重度要介護者と生活保護受給者を対象として実施された。日本に次いで世界で4番目に，保険方式による介護サービス提供が開始されたのである。

　日本の場合，すでに述べたように介護保険法の施行（2000年）前にゴールドプランが実施され，介護サービスの供給量の拡大が準備された。韓国の場合は，モデル事業の実施があったものの，そうしたゴールドプランのような10年におよんだ準備期間なしに介護保険法を実施したように見受けられる。したがって，急速な施設建設や人材育成により現場では戸惑いや混乱が生じ，また，同法に対する国民の関心が必ずしも高くないようである。

　ただし，日本の場合は「社会的入院」や「老老介護」の現状を背景に「介護の社会化」をめざす世論の高まりがあり，介護保険の実施はむしろ遅れたとも言え，日本の対応が良かったわけではない。韓国の場合の，日本よりも急速な高齢化という先を見越した政策の実施は，政策担当者や官僚の「先見性」の表われであるとの理解も成り立つ。しかし，老人長期療養保険法の実施がかくも急速に行なわれた場合，以下のような「負の影響」もあると考えられる。

(1) 一般庶民が「お上」「お役人」のやることだとして，受身的に受容するということはないか？
(2) 福祉（施設）関係者は政府の急速な計画実施に合わせて右往左往することはないか？
(3) こうしたことが社会政策に対する国民の信頼性を損なうことはないか？

しかし，施行間もない現時点でこれらを確かめることはできない。今後の推移を見守りたい。

残された課題

日本の介護保険法は2000年4月から施行されたが，それは概ね成功裏のスタートであったといえる。一部の地域（農村地域）で「保険あってサービスなし」という事態も見られたが，ゴールドプランによるサービス供給基盤の整備が施行前に実現していたのでそれほど深刻ではなかった。

しかし，問題がなかったわけではない。軽度の要介護度の人の申請が見込みを上回り財政を圧迫したこと，介護保険制度は在宅サービスの充実を謳っていたが，実際には国民の間で施設入所サービスの需要が高かった。そのため，2005年には，予防介護サービスが新たに導入されて介護サービスの抑制が図られ，また，施設入所の場合の食事代と住居費（いわゆるホテル・コスト）の徴収が始まった。

その他にも，介護支援専門員（care manager）のサービス提供事業所所属の問題，介護報酬単価の切り下げに伴う福祉施設経営および介護労働者確保上の問題，障害者福祉サービスとの関係，財政問題などが未解決の問題として残されている。以下では，これらの残されている問題のうち，介護労働者の不足問題について，やや詳しくみていく。

5　介護労働者の不足問題をめぐって

社会福祉施設で働く人々の労働条件についての調査は，1980年以前には

それほど数が多くはない。ところが1990年のゴールドプランの実施前後からその数が増加している。当時は，特別養護老人ホームを中心とする老人福祉施設が量的に整備されていき，2000年の公的介護保険法の施行に至るまで，「介護の社会化」をめぐる議論が盛んに行なわれた時期であった。

こうした介護労働をめぐる調査は全国の自治体（福祉課や労政事務所）や社会福祉協議会で90年代以降数多く行なわれている。一方，全国的には，財団法人介護労働安定センターが1992年の「介護労働者の雇用管理の改善等に関する法律」の制定に基づく厚生労働大臣の指定法人として設立された。同センターは2002年度から「事業所における介護労働実態調査」を毎年行ない，また，2003年には「介護労働者就業意識実態調査」を実施している。これらの2つの調査はサンプル数や質問項目の充実度からして，介護労働をめぐる基本的データとして利用価値の高いものである。

以下では，介護労働安定センターの2つの調査報告（①『平成16年版介護労働者の働く意識と実態』，②『介護労働者の労働環境改善に関する調査研究報告書』2001年）を用いて，介護労働者自身が介護労働の何が問題として捉えているかを探り，今後のための指針を得ることとしたい。

まず，介護労働の現状の特徴として，就業の動機について「介護や福祉の仕事に関心があったから」という理由がもっとも多いことが注目される（①の調査から，以下も同じ）。これは正社員だけでなく非正社員でもそうなっていることが（それぞれ70.7％，66.6％），他産業ではみられない特徴であると考えられる。また，「現在の仕事の満足度」は，「お世話している人との人間関係」では相対的に高いが（「満足」31.6％，「普通」62.6％，「不満足」3.0％），賃金・収入では「満足」が7.8％と，もっとも低い。「働く上での悩み・不安・不満」でも「賃金が安い」ことがトップを占める（以下，「健康面での不安がある（感染症・腰痛）」「休暇が取りにくい」「精神的にきつい」「体力に不安がある」と続く）。要約すれば，対人サービスを旨とする仕事の中身ややりがいについては比較的高いものの，労働条件とりわけ賃金と労働時間での不満が大きいのが介護労働の特徴である。

そうであるとしたら，そうした現状をもたらす要因は何であり，どうすれば是正できるのであろうか。この問題を，②の調査の介護事業所と介護労働

者の双方からの自由回答をもとに検討する。

労働時間について

「サービス提供時間が細切れで介護労働者に十分な仕事が与えられない」
（介護事業所）

「……毎日の就業の時間についても移動時間のことを考えてもらえない」
「モザイクのように仕事の時間が組み込まれているので，自分の自由時間がとても少なくなった」（以上，介護労働者）

これらは，介護施設でも「業務の集中」があるため多かれ少なかれ存在するが，とりわけ訪問介護サービス事業において顕著である。いわゆる「細切れ労働」は待機時間，移動時間，書類作成時間などの非サービス時間が含まれる。これらが労働時間として取り扱われていない（つまり賃金が支払われていない）ことが多く，そのことが，非正社員，パートタイマーの賃金の低さの一原因となっている。その背景には，介護保険法のもとでの身体的介護を中心とした介護報酬のあり方が存在する。これについては，次の賃金のところでふれる。

賃金について

「労働内容に比べて給料が安い。高くしたい気持ちはあるが経営が成り立たず，人材をなかなか十分に補充できないし，職員の処遇向上も図れない」
「介護報酬の引き上げばかりを要求するわけにはいかないが，せめてよいサービスを提供するために必要なスタッフ分は，正職員雇用が可能な程度の報酬単価の設定にしてほしい」
「介護報酬の面から考え，管理職事務員などを雇うと経営が成り立たない」（以上，介護事業所）

「介護保険になってから短時間の訪問が多くなり，交通費も十分に出ないので働く時間の割に収入が少ない」
「早朝でも夜間でも休日でも賃金が同じというのには納得がいかない」
「ホームヘルパーの仕事内容の厳しさ，身体疲労度の評価が低すぎる」
「有資格者であっても賃金の差がない」(以上，介護労働者)

　以上の多くは，介護保険の施行（2000年4月）後，顕著となった問題であるが，こうした低い賃金実態の背後には同保険制度下の「介護報酬単価」のあり方がある。もちろん，介護労働の供給サイドとして「アンペイド・ワークとしてのボランティア」，「時間預託」制度における介護サービスの提供，「社会貢献活動」などが労働市場におよぼす影響もあるが，大部分は「介護報酬単価」によって介護労働者の賃金が規定されていることについて，介護事業者，介護労働者の間でコンセンサスがあることも注目される。労働時間に関して，拘束時間（待機時間，移動時間，書類作成時間）は労働基準法上，労働時間にカウントすべきものであると解されているのもかかわらず，これを労働時間として扱っている事業者が少ないというのは，報酬単価の金額だけではなくその設定の仕組みが大きく作用している。
　介護保険制度化のサービス市場は「擬似市場」プラスアルファとしての性格をもっている。この「擬似市場」とは①供給サイドが組織特性や行動原理の異なる多様な組織で構成，②需要サイドに対しては保険財源を含む公的資金の相当程度の投入，③消費者に代わる第三者がサービス購入の決定で重要な役割を担う，と特徴付けられている（平岡公一 2006）。プラスアルファの部分は，介護報酬単価が厚生労働省によって決定されている点，つまりプライス・コントロールがある点である。今日の介護労働をめぐる問題は，法施行後2度にわたって改定され切り下げが行なわれた介護報酬単価の問題に起因する部分が大きいことが②の調査からうかがえる。現状のままだと，介護の現場における人手不足はさらに深刻化し，利用者に対するサービスの質の低下が避けられないといっても過言ではない。
　なお，韓国では老人長期療養保険制度の実施により2007年から2010年の

短期間に老人福祉，施設・機関運営管理を中心にして福祉マンパワーの需要がほぼ倍増すると予測されている (13万人から23万5000人へ)。量的確保やそうしたマンパワーの賃金・労働時間問題，さらには質の確保をどう図っていくのかなどが注目される。

6 おわりに

最後に，日本の経験を踏まえて，高齢化対策を企画・実施していく際の留意点を5点にわたってまとめ，高齢化政策をめぐる日韓の違いについても指摘しておきたい。

1）高齢者像の明確化：日本では，当初，高齢者は「社会的弱者」の1つとして捉えられていたが，対策が本格化する1990年代に厚生省サイドは，持ち家や貯蓄保有資産の多さに注目して「長寿社会論」のなかで「豊かな高齢者」像を打ち出した。この2つとも誤りである。高齢者の所得・資産はバラツキが大きく，実際は，豊かな高齢者もいれば貧しい高齢者もいる。それぞれに応じたきめ細かい施策が必要である。

2）官僚のリーダーシップ：ゴールドプランの作成と介護保険法は主として厚生官僚のリーダーシップに基づいていた。一方，年金政策の点では厚生官僚の政策は場当たり主義的で一貫性に欠けていた。その結果，「世代間の不公平感」と国民の年金不信が増幅された。中・長期的展望を明確に示すことが必要である。また，所得保障とサービス保障の連携をとっていくことが必要である。

3）財政問題の重要性：「人口ボーナス」期の終焉と高齢化社会への不安の増大は政治家にとってもリーダーシップを発揮する好機であった。しかし，日本の場合，1990年代の経済の停滞，財政上の制約から政治家のリーダーシップはそれほど発揮されなかった。政府の借金（国債などの累積債務）問題があるため「財政再建」が優先されたこともその一因である。高齢化対策のもっとも重要な財源問題は多くの面で未解決に留まった。たとえば，基礎年金や膨張する高齢者医療への税の投入問題，消費税 (1989年導入，1997年に税率5％への引き上げ) の目的税化の問題などが大きな課題として残された。こ

うした点を勘案すると，人口ボーナス期からオーナス期への入り口期には，高齢化対策のための財政上の余力を残しておくことが必要不可欠であることが1つの教訓として導き出せる。

　4）介護に関わる人材の確保：日本の介護保険制度は欧米の研究者の注目度も高く，また，韓国が新たに導入した老人長期療養保険制度のモデルともなったものである。しかし，全体の制度的枠組みについては革新的であったと評価できるが，低所得者対策の点で課題を残し，また，「介護報酬単価」の水準と決め方における問題は，介護労働者の賃金や労働時間に深刻なしわ寄せをおよぼし，その結果，福祉サービス分野における人材の不足，枯渇やサービスの質の低下をもたらす可能性が生まれている。

　5）韓国の場合，現在は未だ「人口ボーナス」を享受できる最終局面にある。また，政府の負債などの点からみた財政状況は日本ほど悪化していない。しかし，少子高齢化のスピードは日本よりも速い。そのことと，日本の「経験」を参照できる立場にあることとがあいまって，年金水準の下方修正や介護保険制度の導入などの点にみられるように（日本よりも）早めの対応を行なっている点が大きな特徴である。ただし，そうした「早めの対応」が故の準備不足が，とりわけサービス供給体制などのインフラ整備や介護関係マンパワーの育成と確保の点で目立つことになっている[5]。

■参考文献

アルコック，P．／G．クレイグ編　2003　埋橋孝文ほか訳『社会政策の国際的展開——先進諸国における福祉レジーム』晃洋書房。

同志社大学社会福祉教育・研究支援センター・プロジェクト　2008「福祉サービス供給とマンパワーの日韓比較」廣野俊輔・咸日佑・孫希叔・崔銀珠『Int'lecowk（国際労働経済研究）』985号。

平岡公一　2006「社会福祉の市場化と公益性——介護サービスを中心に」『社会福祉研究』96号，（財）鉄道弘済会。

イ・ヘギョン　2006「金大中政府の「生産的福祉」」社会政策学会編『東アジアにおける社会政策学の展開』法律文化社。

---

5)　後発福祉国家であり，なおかつ大統領府‐官僚の政治的イニシアティブが強い場合，政策立案・立法が先行し，物的・人的基盤整備が遅れがちになる傾向にあるといえよう。

(財)介護労働安定センター 2001『介護労働者の労働環境改善に関する調査研究報告書』。
(財)介護労働安定センター 2004『平成16年版 介護労働者の働く意識と実態』。
勝又幸子 2006「社会保障給付の制度的配分——OECDのデータと社会保障給付による動向分析」『季刊社会保障研究』42(1)。
勝又幸子 2008「社会保障給付の国際比較——OECDのデータ」『世界の労働』58(4)。
金成垣 2008「李明博政権の福祉政策——方向転換か変わらぬ道か」『Int'lecowk(国際労働経済研究)』985号。
小松理佐子 2006「社会福祉制度・政策の日韓比較——「地域福祉型社会福祉」への展開」野口定久編(2006)所収。
野口定久編 2006『日本・韓国——福祉国家の再編と福祉社会の開発 第1巻 福祉国家の形成・再編と社会福祉政策』中央法規。
大泉啓一郎 2007『老いてゆくアジア——繁栄の構図が変わるとき』〈中公新書〉中央公論新社。
武川正吾／キム・ヨンミョン編 2005『韓国の福祉国家・日本の福祉国家』東信堂。
武川正吾／イ・ヘギョン編 2006『福祉レジームの日韓比較』東京大学出版会。
武川正吾 2006「福祉資本主義の三つの世界——福祉国家形成要因としての国際環境」野口定久編(2006)所収。
埋橋孝文 2006「介護保険制度の見直しで問われたこと——「低所得者対策」を中心にして」『社会政策研究』第6号,東信堂。
埋橋孝文 2006「東アジア社会政策の新時代」社会政策学会編『東アジアにおける社会政策学の展開』法律文化社。
楊団 2006「中国の社会政策」社会政策学会編『東アジアにおける社会政策学の展開』法律文化社。

＊ 本章は2008年6月韓国中央大学で行なった講演のペーパーを加筆・修正したものである。発表の機会を与えていただいた同大学の金淵明教授,通訳を務めていただいた金成垣さん(東京大学社会科学研究所助教)に感謝したい。

おわりに

　本書は，大阪産業大学アジア共同体研究センター*のプロジェクトとして，2006－2008 年度に行なわれた国際共同研究の成果をまとめたものである。刊行にあたり，プロジェクトの発足からこれまでの活動をここに記しておきたい。

　当プロジェクトは，日本・韓国・台湾の社会保障制度が抱える課題と取り組みの現状を分析し，さらに，それぞれの国・地域の社会保障の今後を探求することを目的に，2006 年 11 月に発足した。研究メンバーは，日本から埋橋孝文（同志社大学），戸谷裕之（大阪産業大学），齋藤立滋（大阪産業大学），加藤道也（大阪産業大学），木村清美（大阪産業大学）の 5 名，韓国から金淵明（韓国中央大学），金成垣（東京大学社会科学研究所）の 2 名，台湾から陳小紅（國立政治大學），古允文（國立台灣大學）の 2 名の計 9 名が集まった。

　2007 年 11 月 2 日には，大阪でワークショップ「東アジアの社会保障――日本・韓国・台湾の相互比較」を開催した。このワークショップは，次年度に開催予定のシンポジウムのテーマを絞り込むために開かれたもので，6 名のメンバーが下記のとおり，それぞれ自国の社会保障の現状，および，相互比較から見えてくるものについて自由な報告を行なった。

「韓国における社会保障制度の現況と課題」（金淵明）
「遅れてきた福祉国家――東アジア福祉論の新しい考え方」（金成垣）
「社会的セーフティ・ネット――台湾の場合」（陳小紅）
「ユニークかハイブリッドか？　東アジアの福祉レジームとその可能性」
（古允文）
「日本の社会保障制度の現況と課題」（齋藤立滋）
「東アジア（日本・韓国・台湾）社会保障の国際比較」（埋橋孝文）

そして，報告後に行なわれた議論の結果，各国・地域の社会保障に共通する重要課題として，①所得格差の拡大，②財政的持続可能性，③社会保障をめぐる政治，④外国人労働者・移民問題の4点を確認し，シンポジウムではこの4点に焦点を当てて報告することを合意した。

　翌年（2008年）7月26日に開催したシンポジウムでは，残念ながら時間の制約から，財政的持続可能性に関する報告と日本からの報告は割愛せざるを得ず，報告は4本（本書に収録されている，第1，2，6，8章）となった。そこで，シンポジウムで報告できなかったテーマを補足して，このたび，こうして全10章からなる本書を刊行することとなったのである。本書が東アジアの社会保障研究に少しでも寄与できれば幸いである。

　当プロジェクトの研究を進めるにあたっては，多くの方々のご協力をいただいている。高橋隆さんには台湾の社会保障制度について具体的かつ詳細なご教示をいただいた。アジア共同体研究センター事務局の宮武裕子さんには，プロジェクトの発足からこれまでのすべての過程で，海外のメンバーや執筆者への連絡等さまざまな面でたいへんお世話になった。心から謝辞を送りたい。また，ワークショップとシンポジウムの通訳・翻訳業務では，本書の第6章，第7章の翻訳者でもある尹誠國さん，崔銀珠さん，大阪産業大学の大学院生およびOGの多くの方々にご協力いただいた。ここに記して感謝の意を表したい。最後に，ナカニシヤ出版の津久井輝夫さんに，この場を借りてお礼を申し上げる。

　　　2009年1月15日

木 村 清 美

＊　大阪産業大学アジア共同体研究センターは文部科学省「2005年度私立大学学術研究高度化推進事業」の「オープンリサーチセンター整備事業」に選定された研究組織である。大阪産業大学経済学部を拠点に，アジア各国・地域の大学や研究機関との共同研究を通して，アジア地域における経済統合の実態，統合による社会的変容，アジア共同体設立の可能性とそれに伴う諸問題等を研究している。本書はそのうちの1つとして行なわれた研究プロジェクトの成果報告である。

人名索引

ア 行

アスプラター（Asplater, C.）　6
アルコック（Alkock, P.）　7
李恵炅　40
李明博　116
インマーガット（Immergut, E. M.）　21
ウィレンスキー（Wilensky, H. L.）　34
埋橋孝文　21
エスピン=アンデルセン（Espin-Andersen, Gosta）　3, 6-10, 12, 17, 18, 24, 30, 31, 35, 107
オコンナー（O'Connor, J.）　12

カ 行

カットライト（Cutwright, P.）　34
簡錫堦　142
キム（Kim, H.-S.）　4
金淵明　38
クー（Ku, Y.-W.）　4, 7, 20
クォン（Kwon, H.-J.）　4, 5, 7, 21
クレイグ（Craig, G.）　7
クロワッサン（Croissant, A.）　22, 24
小泉純一郎　85
江丙坤　142
ゴフ（Gough, I.）　8, 20
コルピ（Korpi, W.）　34

サ 行

シュミット（Schmidt, M. G.）　34
ジョーンズ（Jones, C.）　5, 19
申光榮　51

タ 行

高橋睦子　4
武川正吾　30
タン（Tang, K.-L.）　4, 5, 20
チュウ（Chow, Nelson）　19
張俊雄　144
陳水扁　139
陳定信　149
陳富雄　142
陳博志　142
ディクソン（Dixon, J.）　4
テルボーン（Therborn, G.）　35
傳立葉　142

ハ・マ 行

潘孟安　158
ビスマルク（Bismarck, O. E. L.）　99
広井良典　60, 67
ベック（Beck, Ulrich）　103
ポランニー（Polanyi, K.）　34, 35
ホリデイ（Holliday, I.）　6, 7, 10, 17
ミジリィ（Midgley, J.）　20

ラ・ワ 行

ラーミッシュ（Ramesh, M.）　6
リーガー（Rieger, E.）　19
林萬億　142
レイプフリード（Leibfried, S.）　19
ロストウ（Rostow, W. W.）　157
ワイルディング（Wilding, P.）　6
ワン（Wong, J.）　21

事項索引

ア 行

IADLs 150
IMF 165
——外国為替危機 100, 104, 105, 114, 117
アジア型福祉システム 4
アジアモデル 24
育児休業給付制度 96
一般会計 61, 70-72, 75, 76, 188
医療サービス 79
医療保険制度 63
因子分析 13, 14
栄民手当 141
SOCX 184
ADLs 150
M(字)型社会 *i*, 153, 176
M字カーブ 91
OECD 50, 136, 184, 185
——諸国 120, 135
応益負担 68
黄金の10年 138
遅れてきた福祉国家 *i*, 29, 32-36, 40, 45, 46, 53-56, 199

カ 行

介護サービス 150, 151, 190, 195
——保障制度 *iii*
介護保険 75
——制度 64, 65, 77, 79, 80, 190, 192, 197
——法 65, 191-194, 196
介護予防 65
開発主義 *i*, 8, 11, 13, 17, 18, 55
——レジーム論 31
開発特化主義 10
開発普遍主義 10
皆保険，皆年金 183, 184
外来労働者 139
確定給付型 167, 170

確定拠出型 170
家産制福祉国家 7, 8, 19
家族介護 80
家族主義 22
擬似市場 195
基礎所得 68
基礎的財政収支（プライマリー・バランス：PB) 82, 83
基礎年金 77-79
給付付き税額控除 68
給与連動方式 122
共済年金 78, 79
行政院 142, 150
——経建会 155, 156
——主計処 165, 166
勤労(労働)基準法 125
軍人保険 173
軍人年金 129
——法 36
経建会 142
権威主義 5, 8, 37, 39
現役勤労世代 187
現金給付 172, 173
現金補助 150
健康保険公団 116
現物給付 68, 172, 173
現物補助 150
後期高齢者 67, 68
後期子ども 67, 68
後期産業社会 99-102, 104, 117
厚生年金 78, 79
構造改革 85-90, 94, 95, 97
——路線 74, 86-90, 94
交通の送迎サービス 151
後発福祉国家 29, 54, 55
公務員年金 129
——法 36
高齢化 *i*, 77, 82, 118, 120, 145, 153, 155, 160, 179, 181, 183, 190, 191

──社会　70, 175
　　──率　175, 179
高齢給付金　168
高齢者医療制度　64
高齢社会　179
国債費　72, 81, 83
国際労働機構(ILO)　13, 101, 121, 127
国民皆医療保険　100
国民皆保険　48, 117
　　──・皆年金サービス　66
国民皆年金保険　100
国民基礎生活保障法　117
国民健康保険　126, 142, 144, 164, 166, 169, 172-174, 177
　　──局　165
　　──制度　139, 167, 184
国民党(KMT)　20, 138-140, 153, 157, 158, 176, 177
国民年金　157
　　──制度　iii, 139, 142, 164, 167, 189
　　──法　139, 142
　　──保険　145, 147
個人年金口座　167
コーポラティズム　13-18, 50
コミュニティ式　150
雇用(の)流動化　89, 90
ゴールドプラン　191-193, 196

サ　行

財政構造改革　73, 82
　　──法　74
財政部　165
在宅介護サービス　65
在宅看護　151
在宅サービス　80, 192
在宅式　150
在宅バリアフリー環境改善サービス　151
在宅福祉　191
産業災害補償保険　121, 126, 127
産業社会　99, 103
残余型社会福祉　138
残余的な福祉　22
参与連帯　44, 45, 51, 52
死角　184

　　──地帯　42
私学年金　129, 173
時間軸　32, 33, 35
自己負担　76, 80, 170
資産調査　8, 171
施設介護サービス　65
施設サービス　80
施設式　150
施設入所サービス　192
施設福祉　191
失業率　41, 139
ジニ指数　41
死亡手当　168
社会M型化　160
社会権　10
社会支出　ii, 48, 60, 184, 186
社会的支出　12
社会的消費　12, 13
社会的投資　12, 13
社会的入院　65, 77, 79, 190, 191
社会的排除　62
社会的リスク　101-103, 108, 114
社会福祉推進委員会　149
社会保険制度　99
社会保険の死角　100, 104-106, 108-111, 115, 118
社会保険方式　66, 79
社会保障支出　12, 13, 120, 121, 127, 165, 175, 177
社会保障予算推計モデル　121
社会民主主義　3, 9, 11, 12, 14-16, 30, 31
社区福祉　56
就業保険法　iii
自由主義　3, 6, 7, 9, 15, 16, 30, 31, 46
　　──福祉国家　12
終身雇用制　89
従属人口指数　88
従属人口比率　181
重度　150
儒教主義　i, 8, 12
主計処　145, 150
出産・育児休業給付　96
障害者手当　141
障害手当　168
少子化　64, 153, 155, 156, 160

事項索引　　203

少子高齢化　*i, ii*, 62, 66, 71, 100, 120, 197
職業訓練生活手当　154
所得移転　78
ショートステイ・サービス　151
私立教職員年金法　36
自立支援型　82
人口オーナス　181
　——期　182, 197
人口高齢化対策　86
人口ピラミッド　78
人口ボーナス　181-183, 196, 197
　——期　181, 197
新自由主義　23, 40, 43, 97
心身障害者福祉法　36
信託基金　174
成果主義　90, 94
正規雇用　90, 94, 97
　——者　89, 90
正規職賃金労働者　105
正規職労働者　109
正規労働者　97
税控除　68
生産主義　*i*, 7, 8, 20, 55
　——福祉資本主義　7
　——レジーム　10
　——レジーム論　31
生産年齢人口　88, 181
生存権　34
税方式　63, 152
前期高齢者　67, 68
全国民健康保険（全民健保）　148, 157
早期就職補助手当　154
総合的失業対策　41, 42
促進主義　10
措置制度　65

タ 行

退役軍人問題委員会　165
タイガー経済地域　5, 6
退職金制度　125
脱商品化　9, 12, 31, 34, 37, 38, 40
男女雇用機会均等法　91
地方交付税交付金　72
中央信託局　165, 167
長期介護サービス　151, 152
　——計画　150
　——システム　152
　——制度企画　149
長期介護システム　151
超少子化　153
積立方式　63, 78, 187, 188
低収入高齢者手当　141
低収入世帯手当　141

ナ 行

内政部　165
ナショナル・ミニマム　43
　——運動　39, 45
ニュープア　153
認知症　80
寝たきり　80
ネットカフェ難民　94
年金引退世代　187
年金ショック　52
年功賃金制　89
年少人口　88, 181
農委会　145
農業者年金保険（農保）　144, 145, 147
農民組合　169
農民手当　141, 145
能力主義　90, 94

ハ 行

ハイブリッド　18
　——・モデル　7
　——・レジーム　8
バブル経済　70
バブル（経済）崩壊　71, 73, 81, 85, 97
晩婚・晩産化　153
東アジア（の）福祉レジーム　6, 10, 11, 17, 19, 199
東アジア福祉システム　6
東アジア福祉モデル　4, 5, 10
ビスマルク（方）式　100, 108
　——社会保険　103, 107, 116, 118
非正規化　89
非正規雇用　89, 90, 94, 97
　——者　89
非正規職労働者　105, 106, 108-111
非正規労働者　99

被扶養者	103, 110, 111, 126	民進党（DPP）	20, 138, 139, 144, 157-159, 176, 177
被保険者	66, 95, 172, 173	民政党	142
フォーディズム体制	101	目的税	172, 173
賦課方式	60, 62, 63, 78, 79, 167, 187, 188	要介護	65, 75, 80
福祉国家	iii, 4, 6-9, 13-15, 20, 24, 29, 31-35, 37-40, 46, 50-52, 54, 99, 101-104, 117, 118, 161, 164, 175, 183, 186	──度	65, 192
		要支援	65, 80
福祉サービス	79	養老	140, 153, 156
福祉システム	6, 8, 22, 99, 102, 104, 117, 118	予防介護サービス	192
		予防給付	65

ラ 行

福祉資本主義の3つの世界	11, 17	立法院	142, 176
福祉社会	21	両兆双星	156
福祉スキーム	20	労工保険条例	154
福祉の社会化	56	老人長期療養保険法（制度）	ii, iii, 136, 191, 195, 197
福祉プログラム	5		
福祉レジーム	3, 8, 9, 14-16, 24, 30	老人福祉法	36
──論	31, 35	労働者保険基金	147
普通税	172, 173	労働者保険失業給付実施弁法	154
普遍主義	12, 14, 48, 54, 56	労働者保険年金	145
普遍性	121	労働保険局	165
扶養家族死亡手当	168	労働年金	173, 174
扶養者	103	老年人口（老齢人口）	88, 181
ベバレッジ方式	107	老老介護	190, 191
保険者	66, 76		
保険方式	63, 190		

ワ 行

保護救済型	82	ワーキングプア	153
保守主義	3, 6-9, 12, 30, 31	──層	106
ポスト・フォーディズム	101	ワークフェア	48
ボーダライン貧困者	153	ワンコール・ワーカー	94
ホームヘルプ	79		

マ・ヤ 行

民主主義	34, 37

■ 執筆者紹介 （執筆順，＊印は編者）

＊埋橋孝文（うずはし・たかふみ）

1951年生まれ。関西学院大学大学院経済学研究科博士課程単位取得退学。博士（経済学）。社会政策・社会保障論専攻。同志社大学社会学部教授。『現代福祉国家の国際比較』（日本評論社，1997年），『ワークフェア——排除から包摂へ？』〔編著〕（法律文化社，2007年），『地域福祉の国際比較』〔共編著〕（現代図書，2009年），他。

古　允文（クー・ユェンウェン）

1963年生まれ。マンチェスター大学博士（社会政策）。社会政策・比較社会政策・東アジア福祉論専攻。国立台湾大学社会福祉学部教授。Changing Governance and Public Policy in East Asia〔共著〕(London: Routledge, 2009), "East Asian Welfare Regimes: Testing the Hypothesis of the Developmental Welfare State"〔共著〕(Social Policy and Administration, Vol. 41, No. 2, 2007), Welfare Capitalism in East Asia: Social Policy in Tiger Economies〔共著〕(London: Palgrave, 2003), 他。

金　成垣（キム・ソンウォン）

1973年生まれ。東京大学大学院人文社会系研究科博士課程単位取得退学。博士（社会学）。東アジア福祉国家論専攻。東京大学社会科学研究所助教。『後発福祉国家論——比較のなかの韓国と東アジア』（東京大学出版会，2008年），「韓国福祉国家性格論争」（『大原社会問題研究所雑誌』第522号，2004年），「新自由主義と福祉政策」（『社会政策学会誌』第11号，2004年），他。

齋藤立滋（さいとう・りゅうじ）

1972年生まれ。神戸商科大学大学院経済学研究科博士課程単位取得退学。財政学・福祉経済学・医療経済学専攻。大阪産業大学経済学部准教授。『成熟社会のライフサイクル』〔共著〕（リベルタ出版，2001年），「社会的入院による医療費の推計」（『経済論集』第4巻第2号，大阪産業大学，2003年），「厚生年金制度の収支均衡年数および年金受給年時選択関数」（『星陵台論集』第33巻第2号，2000年），他。

＊戸谷裕之（とたに・ひろゆき）

1957年生まれ。関西学院大学経済学研究科博士課程単位取得退学。博士（経済学）。財政学・地方財政論専攻。大阪産業大学経済学部教授。『日本型企業課税の分析と改革』（中央経済社，1994年），「教育行政に関する国と地方の財政負担」（『社会政策研究』第6巻，2006年），「欧州統合と付加価値税の調和」（『総合税制研究』No. 5，1997年），他。

加藤道也（かとう・みちや）

1969 年生まれ。慶應義塾大学大学院経済学研究科博士課程単位取得退学。バーミンガム大学博士（経済史）。社会政策史・経済史専攻。大阪産業大学経済学部准教授。「戦間期日本における失業問題と産業合理化」（『大月短大論集』第 36 号，2005 年），「戦間期日本における失業問題と政府の対応――失業保険制度をめぐって」（『大阪産業大学経済論集』第 6 巻第 2 号，2005 年），"Unemployment and Public Policy in Interwar Japan,"〔博士論文〕, University of Birmingham, 2002, 他。

金　淵明（キム・ヨンミョン）

1961 年生まれ。韓国中央大学博士（社会福祉）。福祉国家論・東アジアの社会政策・年金/医療保険専攻。韓国中央大学社会福祉学科教授。"Beyond East Asian Welfare Productivism in South Korea" (*Policy and Politics*, Vol. 36, No. 1, 2008)，『韓国福祉国家性格論争』〔編〕（流通経済大学出版社，2006 年），『韓国の福祉国家・日本の福祉国家』〔共編〕（東信堂，2005 年），他。

尹　錫明（ユン・スクミュン）

1961 年生まれ。テキサス A&M 大学博士（経済学）。公的年金・社会保険・社会保障制度専攻。韓国保健社会研究院社会保障研究部部長。『公的年金の持続可能性に関する研究――財政的・政治的持続可能性に焦点をあてて』（ソウル：韓国保健社会研究院，2008 年，韓国語），『韓国における社会保障予算モデルの開発――ILO Social Budget モデルを中心に』〔共著〕（ソウル：韓国保健社会研究院，2006 年，韓国語），"Rapid ageing and Old-age Income Security in Korea" (*The Economic and Labour Relations Review*, Vol. 15, No. 2, 2005)，他。

陳　小紅（チャン・シャオフン）

1947 年生まれ。ピッツバーグ大学博士。社会福祉政策・都市/地域開発専攻。国立政治大学社会学部特聘教授。『中国大陸改革開放三十年の評価と再考』〔共著〕（台北：財団法人両岸交流遠景基金会，2008 年，中国語），『社会保険の改革と展望』〔共著〕（台北：政治大学法学院労働法社会法研究センター，2006 年，中国語），「「二次元構造」「農村都市化」から「大都市グループ」へ――中国大陸部における都市と農村の関係」（『中国大陸研究』第 49 巻第 2 期，2006 年，中国語），他。

呉　文傑（ウ・ウェンチェー）

1966 年生まれ。ミシガン大学博士（経済学）。社会保障・都市経済学専攻。国立政治大学財政学部准教授。"New Evidence on the

Link Between Housing Environment and Children's Educational Attainments," (*Journal of Urban Economics*, 64, 2008)。

＊木村清美（きむら・きよみ）
1954年生まれ。横浜国立大学大学院教育学研究科修士課程修了。家庭経済学専攻。大阪産業大学経済学部教授。『スウェーデンの家族生活』〔共著〕（国立印刷局，2005年），『スウェーデンの家族とパートナー関係』〔共著〕（青木書店，2004年），『結婚とパートナー関係──問い直される夫婦』〔共著〕（ミネルヴァ書房，2000年），他。

【訳者紹介】

山村りつ（第1章，第9章）
　日本学術振興会特別研究員DC（同志社大学大学院社会学研究科）。

市瀬晶子（第1章）
　同志社大学大学院社会学研究科社会福祉学専攻博士後期課程在籍。

尹　誠國（第6章）
　全国市町村国際文化研修所客員研究員。

崔　銀珠（第7章）
　同志社大学大学院社会学研究科社会福祉学専攻博士後期課程在籍。

徐　榮（第8章，索引作成）
　同志社大学大学院社会学研究科社会福祉学専攻博士後期課程在籍。

東アジアの社会保障
──日本・韓国・台湾の現状と課題──

2009年6月15日　初版第1刷発行

編　者　　埋　橋　孝　文
　　　　　木　村　清　美
　　　　　戸　谷　裕　之

発行者　　中　西　健　夫

発行所　株式会社　ナカニシヤ出版
〒606-8161　京都市左京区一乗寺木ノ本町15
電　話　(075) 723-0111
ＦＡＸ　(075) 723-0095
http://www.nakanishiya.co.jp/

© Takafumi UZUHASHI 2009 (代表)　　創栄図書印刷／藤沢製本
＊乱丁本・落丁本はお取り替え致します。
ISBN978-4-7795-0335-1　Printed in Japan

アジアのメディア文化と社会変容

斉藤日出治・高増 明 編

メディア文化論という視点から見えてくる現代アジア社会の文化・政治・経済の関係。インターネット,映画,音楽など身近なテーマを通して,日・韓・中,それぞれの国における新たな社会変容を捉える。　2625円(税込)

【内容目次】

【Ⅰ】第1章「ナショナル・メディアを超えて」(斉藤日出治)／第2章「『こんにちは赤ちゃん』の政治学」(田間泰子)／第3章「映画『青燕』をめぐるポストコロニアル状況」(平田由紀江)／【Ⅱ】第4章「日本のインターネット文化と閉塞社会」(高増明)／第5章「韓国のデジタル権力」(崔鐘仁)／第6章「中国におけるネット用語とネットゲーム」(徐怡秋)／【Ⅲ】第7章「王小帥の映画と中国の社会変容」(胡备)／第8章「中国ロックと中国社会」(ファンキー末吉)／【Ⅳ】第9章「〈魂の工場〉のゆくえ」(水嶋一憲)